U0100338

大展好書　好書大展
品嘗好書　冠群可期

大展好書　好書大展

品嘗好書　冠群可期

► 輕鬆學武術 10 ◄

楊式太極拳競賽套路分解教學 40 式

（附 DVD）

合肥市武術協會　主編
張自山　編寫
張志高　演練

大展出版社有限公司

出版說明

　　楊式太極拳競賽套路係國家體委武術研究院組織著名教練員、太極拳名家和部分優秀運動員編製的七個競賽套路之一。參加這一套路的編寫人員有：門惠豐、計月娥、張山、李天驥、李德印。這一套路已經國家體委武術研究院審定，並由人民體育出版社出版。

　　競賽套路的推廣，對武術競賽的規範化、對武術的普及和提高起到了積極的促進作用。合肥市武術協會在開展群眾性武術健身活動中做出了卓著的成績，教練員們在市民群眾中言傳身教，勇於探索，積累了豐富的經驗，在分解教學方法上有所發展。與此同時，現代電子製版技術應用於圖書印製工藝，爲改進武術教材的圖片水準和合理版式提供了改革創新的有利條件，這就使我們萌生了組織編寫出版這套新型的武術教材的思路。

　　《楊式太極拳競賽套路分解教學》嚴格遵照國家體委武術研究院的要求，參照傳統太極武功的功理和教學第一線的實踐經驗來編寫。作者對每個定式進行了精當的分解，每個分解動作配有準確而清晰的照片以及步法方位平面圖；所有說明文字都按運動過程、動作要點、注意事項、呼吸和攻防含義的順序逐條分述，並且將楊式太極拳的動作要領「正、穩、舒、

鬆、輕、慢、勻、連」貫穿於其中。照片一般以演練人起式面向正南面時，從正南側拍攝，必要時增加攝自北側（不加注）或東側、西側（均加注）的照片爲輔，使讀者易學易記，一目了然。

希望本書在推動群衆性武術健身活動中能發揮應有的作用。

安徽科學技術出版社

作者、演練人簡介

張自山，1933年生，安徽肥東人，國家幹部，曾爲合肥市勞動模範。自幼從師學長拳，後因關節炎病重，1963年師從陳誠齋習太極拳、劍及太極推手；1966年師從張品元習形意拳；1967年師從盧振鐸習太極散手；同年拜徐文忠爲師系統學習形意拳、械及孫式老架太極拳、擒拿、推手、散打格鬥等；1968年師從袁盛熙習八卦掌。擅長形意拳、八卦掌、太極拳三大內功拳種。

現爲安徽省武術協會委員、省硬氣功協會常委、市武協常委副主席兼副秘書長及技術教研組組長，全國形意拳協會合肥分會主席，爲國家一級武術裁判。武術八段位。

1982年參加安徽省武術比賽獲太極拳第一名、形意拳第一名；1990年參加全國太極拳競賽套路錦標賽獲孫式太極拳第三名、吳式太極拳第五名；1991年參加第三屆中日太極拳錦標賽獲孫式太極拳銀牌。多次參加合肥市太極拳、劍比賽，均獲第一名。

1968年開始傳授武術，到2009年底已舉辦過太極拳、形意拳、八卦掌、太極推手、散打、擒拿格鬥等

學習班 320 期，培訓學員兩萬八千餘人次，門內弟子
108 名，其中很多學生在參加全國、省、市級武術比
賽時均獲前三名，為武術事業培養出一批有用人才。

　　曾編寫《擒拿技法》《擒拿與格鬥》及《四十二
式太極拳競賽套路分解教學》，均已由安徽科學技術
出版社出版。

前　言

　　中華武術歷史悠久，源遠流長，博大精深，浩如煙海。在數千年中華民族的文明史中，中華武術在增強國民體質、防身健體、振奮民族精神方面起著重要作用，是我國寶貴的民族文化遺產。

　　太極拳是以太極原理立論的武術主要拳種之一。最早傳習於河南溫縣陳家溝陳王廷。他綜合各家拳術之長，以戚繼光《拳經》爲基礎，博取古代導引、吐納術以意行氣、以氣健身的方法，同時還採納了古代陰陽學說和中醫經絡學說，使拳理與哲學、醫學相結合，進一步創新和發展了太極拳運動。太極拳在長期流傳中，逐步形成陳式、楊式、吳式、武式、孫式各流派。各流派的太極拳雖然風格各異，但基本要領均相同，都要求：靜心用意，氣沉丹田，呼吸自然，中正安舒，柔和緩慢，連貫協調，虛實分明，輕靈沉著，剛柔相濟，圓活穩健，動作處處走弧線，以腹式呼吸爲主。在技法上主張避實就虛，以逸待勞，以靜制動，常常是借力打力，後發先至，有「四兩撥千斤」之奧妙。

　　中華人民共和國成立以後，黨和政府十分重視武術運動的發展，自1953年起組織力量相繼編寫了二十四式太極拳、四十八式太極拳、八十八式太極拳和三十二式太極劍等套路；1988年起，爲了適應國內外武

術競賽的需要，國家體委武術研究院組織力量編寫了四十二式《太極拳競賽套路》、四十二式《太極劍競賽套路》，以及分別具各派風格的陳、楊、吳、孫四式的太極拳競賽套路，使太極拳運動的發展更加規範化、系統化和科學化。隨著武術運動的普及和發展，太極拳越來越受到人們的青睞。它不僅能夠鍛鍊身體，增強體質；同時能陶冶性情，培養堅忍頑強、勇敢奮進的意志；還可以豐富群眾的文化生活，給人以美的享受。

合肥市武術協會成立於 1979 年，經過 20 多年的發展壯大，已成爲安徽省先進的武術協會之一，多次受到省體委的表彰。下屬的武術輔導站已從初期的幾個發展到 50 多個，參加活動的人數已由初期的數百人發展到現在的近萬人。在普及太極拳的教學與輔導過程中，我們培養出一大批德技兼備的優秀輔導員、教練員、運動員，在國際、國內和全省太極拳比賽中屢有令人矚目的成績，並且爲合肥市人民健身活動作出了貢獻。

爲了全面總結我們在太極拳（劍）教學中積累的成功經驗和有效的教學方法，以便更加規範我們的教學內容，進一步提高教練員水準，並給廣大太極拳愛好者提供在課外復習和自修的翔實而有針對性的輔導材料，我們下決心編好這套既準確實用又易學易記的武術教材。

這套教材在嚴格遵照國家體委中國武術研究院編寫的各式太極拳（劍）套路規定要求的前提下，充分吸收我們在群眾性教學中，對各定式的最明確的分解

和最有效的教學方法，將解說內容分項逐條解說清楚。

　　爲了給讀者提供最眞實生動的形體變化示範，我們組織在這些套路的全國性比賽中的優勝者擔任演練員，爲每一分解動作配置了生動的照片；並運用現代電腦製版技術將照片與表示動作運行方向的弧線結合起來。考慮到下盤的準確移動是全身運轉正確、分清虛實的根基，很多分解動作還配置了兩足位置和移動變換方向的示意圖，爲讀者自行琢磨、糾偏提供了指導。

　　爲了確保這套叢書的編寫品質，合肥市武協組織富有武術理論和教學經驗，並有較好文字表達能力的教練員組成本叢書的編審委員會。編審委員會成員有：徐淑貞（主編）、吳兆祥、吳丹江（副主編）及張自山、張家本、熊人澤、王信和、徐少農、常青共9人。由編審委員會確定各分冊的編寫人、演練人，並集體審定文稿和圖片。

　　限於水準，書中難免有疏漏之處，尚望武術同道和廣大讀者不吝指教，以便今後修訂完善。

　　　　　　　　　　　　　　合肥市武術協會

本書圖例

〔步法方位示意圖〕

左足著地

右足著地

左足掌著地（虛步）

右足掌著地（虛步）

足跟著地

○ 提腿懸足或勾腳尖向前踢起

▲ 丁步，足尖著地，尖頭示足尖方向

△ 收腳不著地，尖頭示足尖方向

↓ ↘ 示擺腳、扣腳或蹍腳方向

〔照　片〕

┈┈➝ 示左足或左手移動路線

──➝ 示右足或右手移動路線

目　錄

一、楊式太極拳基本訓練

(一)手　型

1. 掌型

五指伸直微分開，向內稍彎屈，虎口呈圓弧形，掌心含空，五指節節放鬆，直而不挺，展而不僵，全掌舒鬆自然。

應利用空餘時間，一左一右兩掌輪換伸掌練習，或兩掌同時練習。

掌　型

2. 拳型

四指併攏，向內捲屈於手心處；拇指屈收以第一節壓於食指和中指第二節上面，成四方拳，即四面平整。注意既不可用力握拳，也不可使拳中留有空洞。

應利用空餘時間多作握拳練習。

拳　型

3. 勾手

拇指沿與小指沿向內收

勾　手

合，五指第一指節撮攏，屈腕內勾。注意勾手時不可使僵勁拙力，要舒鬆自然。

應利用空餘時間多作勾手練習。

（二）太極樁

1. 高架

兩腳平行站立，與肩同寬。兩腳尖距離與腳跟距離相等，兩膝微屈；兩掌同時環抱於腹前，兩腕間距約與肩同寬，掌心均向內，兩掌指尖相對。目視前方。

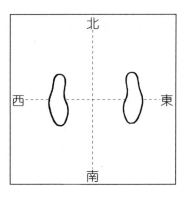

兩腳平站，立穩重心，與兩掌環抱要圓整、協調、平衡。站樁時，需掌握以下幾條主要技術要領：

（1）虛領頂勁

即頭部端正，頸部放鬆，下頦微內收，口輕閉，面部自然，意念上頂（只可用意，不可用力）。

（2）鬆肩垂肘

又叫「沉肩垂肘」，即兩肩始終保持放鬆下沉，不可聳肩、僵肩；兩肘始終保持下垂，無論做什麼動作，都不可翹抬肘部。

（3）含胸拔背

即兩肩向內微合，使胸部舒暢，且有內含之感；同時背部向上鬆伸領拔，不可弓背。

（4）尾閭中正

即上至頭部、下至臀部要垂直中正，不可凸臀、挺胸，故有體如旗杆之稱；頭頂上的百會穴與襠下的會陰穴要上下垂直相對，但周身要鬆柔輕靈，不可強直僵硬。

（5）氣沉丹田

又稱「意守丹田」。肚臍下約五公分的位置稱為下丹田，又叫氣海。在練功時，注意臀部前收，將小腹微微向上托起，加之胸肌腹肌放鬆，隨著橫膈膜下沉，你會感覺到小腹明顯有充實之感；再加上心靜體鬆，更能讓你覺得意沉、體沉、氣也沉。這裏所說的氣，指的是內氣，非呼吸之氣。

上面講的五條主要技術要領，不僅僅是練太極站樁功需要掌握的，練太極拳套路時，也是要認真掌握的。

採用自然呼吸法。

2. 中架

兩腳平行站立，兩腳間距離略寬於肩，兩腳尖間與兩腳

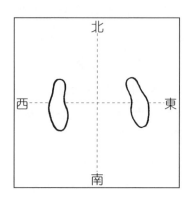

跟間距離相等，兩腿屈膝半蹲；兩掌同時環抱於腹前，兩腕間距離約與肩同寬，掌心均向內，兩掌指尖相對。目視前方。

　　兩腳平站，立穩重心，與兩掌環抱要協調、圓整、平衡。站中架樁功時，要坐胯圓襠，兩膝均向腳尖方位屈弓，但膝蓋不得超過腳尖。同時注意臀部與腳跟上下相對，兩掌與兩腳上下相對，兩肘與兩膝上下相對，兩肩與兩胯上下相對。具體注意事項參看高架中的五大要領。

　　採用自然呼吸法。

3. 低架

　　兩腳平行站立，屈膝下蹲至臀部、腿彎、腳跟三點成三角形。重心偏於腳跟，五趾輕輕抓地，腳尖稍微外擺，兩腳尖距離約為肩寬的兩倍。兩掌同時環抱於腹前，兩腕

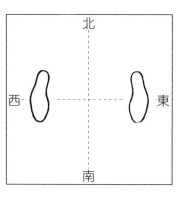

間距約與肩同寬，掌心均向內，兩掌指尖相對。目視前方。

　　兩腳平站，穩固重心，與兩掌環抱要協調、圓整、平衡。下蹲時，臀部前收，上體拔正，不前傾，兩膝外展，坐胯圓襠，但不可拖襠，兩膝屈弓不得超過腳尖。具體注意事項參看高架中的五大要領。

　　採用自然呼吸法。

（三）太 極 步

　　一組太極步可分解為 33 個動作。習練者可以根據需要每次連續練習幾組。

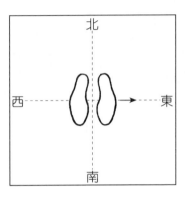

太 極 步

1. 預備式

兩腳平行併攏站立，兩手自然下垂，輕貼兩大腿外側，下頦微內收，頭頸中正，兩肩鬆沉，胸、腹舒暢，意念集中，呼吸自然，精神飽滿。目視前方。

兩腳站立時，腳尖不可外斜。在鬆肩的同時，兩肩應向前微合，使胸部有內含之意，但不可過分。同時注意不聳肩、不歪頭、不挺胸、不凸臀。要微鬆膝、鬆胯，周身輕靈，面部自然。

採用自然呼吸法。

太 極 步

2. 左開步站立

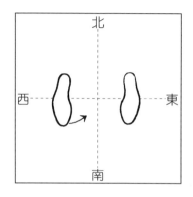

北

西 —— 東

南

　　左腳離地向左側橫開步，兩腳距離與肩同寬，兩腳尖向正前方。兩手自然下垂，輕貼兩腿外側。目平視正前方。

　　動步時，左腳跟先離地，繼而全腳離地；落步時要輕靈柔和，腳尖先著地，漸漸全腳踏實。兩腳平行處在同一水平線上，重心落於兩腳之間。注意開步時上體保持中正，腋下含空。

　　採用自然呼吸法。

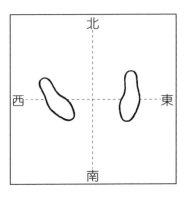

北

西 --- 東

南

身體左轉,重心左移;右腳尖翹起內扣45°踏實。兩掌隨轉體仍附於兩腿外側,微微扣腕。目視前方。

左轉體、重心左移、扣右腳與兩掌隨身而動要協調自然。重心左移時,上體不可歪斜,保持中正安舒。扣右腳時,左踝、膝、胯關節放鬆,使左腳踏穩。具體要求參看太極樁高架中的太極拳五大要領。

採用自然呼吸法。

太極步
4. 附丹田提腳

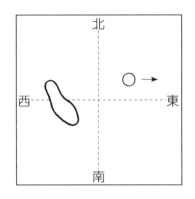

　　上體微微左轉，重心全部移至右腿；左腳收至右腳內側，不落地，腳尖自然下垂。同時兩掌向上收合，輕附於丹田，**左掌在內，右掌疊於左掌背面，兩掌心裏外相對，兩掌指尖均斜向下方。**目視前方。

　　微轉體、重心右移、收左步與兩掌附於丹田應協調同步到位。提左腳時，右腳踏實立穩，右腿屈膝半蹲，坐胯。**兩掌收附丹田時，左右掌心皆對丹田穴，並且要似貼非貼地輕輕附於丹田，而不要緊按在腹部。**具體要求參看太極樁高架中的太極拳五大要領。

　　採用自然呼吸法。

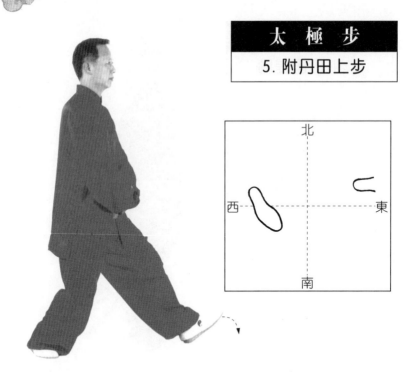

太 極 步

5. 附丹田上步

　　重心立穩於右腿，左腳向左前上步，腳跟著地。兩掌仍虛附於丹田，具體要求見第 21 頁。目視前方。

　　重心立穩於右腿、上左步與兩掌附於丹田要協調自然。上步時，右腿屈膝坐胯，左腿伸直微屈膝，左腳上步要柔和緩慢，落步輕靈沉穩。具體要求參看太極樁高架中的太極拳五大要領。

　　採用自然呼吸法。

太 極 步

6. 附丹田弓步

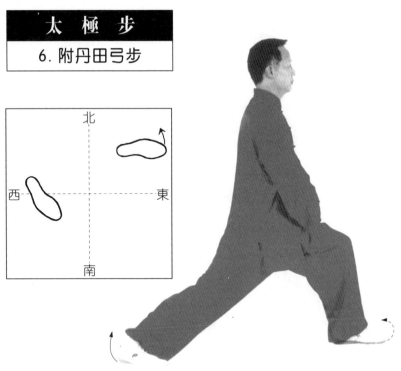

　　上體微左移，左腳掌落地踏實，重心前移，成左弓步。兩掌仍附於丹田，具體要求見第 21 頁。目視前方。

　　微左轉體、左腳踏實、重心前移、弓步與兩掌附丹田要協調自然。弓步時，左腿屈膝坐胯，膝蓋不得超過腳尖；右腿伸直，微屈膝沉胯。具體要求參看太極樁高架中的太極拳五大要領。

　　採用自然呼吸法。

太極步

7. 附丹田擺腳

　　身體微左轉，左腳尖翹起外擺約 45°踏實，重心微前移；右腳隨之離地。兩掌仍附於丹田，具體要求見第 21頁。目視左前方。

　　微左轉體、擺腳前移與兩掌附於丹田要協調自然。擺腳時，左腿仍屈膝坐胯；右腿微屈膝沉胯，右腳前掌撐地。具體要求參看太極樁高架中的太極拳五大要領。

　　採用自然呼吸法。

太極步
8. 附丹田提腳

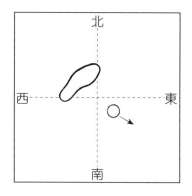

上體微微左轉，重心左前移；右腳收至左腳內側，不落地，腳尖自然下垂。兩掌仍附於丹田，具體要求見第21頁。目視前方。

微左轉體、重心前移、收右步與兩掌附於丹田要協調自然。提腳時，左腳踏實立穩，左腿屈膝半蹲，右腿提膝、提腳，鬆胯。具體要求參看太極樁高架中的太極拳五大要領。

採用自然呼吸法。

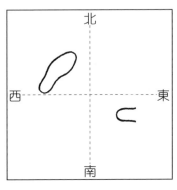

太 極 步

9. 附丹田上步

　　微右轉體，重心仍立於左腿；右腳向右前上步，腳跟著地。兩掌仍附於丹田，具體要求見第 21 頁。目視前方。

　　重心立於左腿、微轉體、上右步與兩掌附於丹田要協調自然。上步時，左腿屈膝沉胯，右腿伸直微屈膝，右腳上步柔緩，落地輕靈。具體要求參看太極樁高架中的太極拳五大要領。

　　採用自然呼吸法。

太 極 步
10. 附丹田弓步

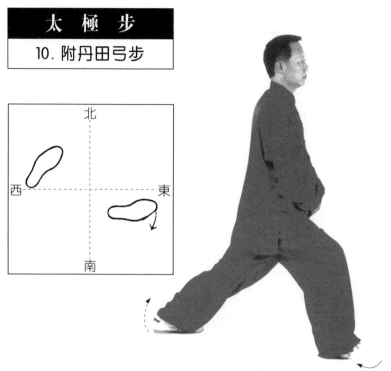

　　上體微右轉，右腳掌落地踏實，重心隨之前移，成右弓步。兩掌仍附於丹田，具體要求見第 21 頁。目視前方。

　　微右轉體、重心前移成弓步與兩掌附於丹田要協調自然。弓步時，右腿屈膝坐胯，膝蓋不得超過腳尖；左腿伸直微屈膝，沉胯。具體要求參看太極樁高架中的太極拳五大要領。

　　採用自然呼吸法。

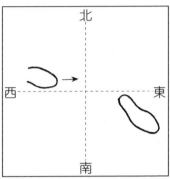

太極步

11. 附丹田擺腳

身體微右轉，重心微前移；右腳尖翹起外擺約 45°踏實；左腳跟隨之離地。兩掌仍附於丹田，具體要求見第 21 頁。目視前方。

微右轉體、擺腳前移、左腳跟離地與兩掌附於丹田要協調自然。擺腳時，右腿仍屈膝坐胯，左腿微屈膝沉胯，腳前掌撐地。具體要求參看太極樁高架中的太極拳五大要領。

採用自然呼吸法。

太 極 步

12. 附丹田提腳

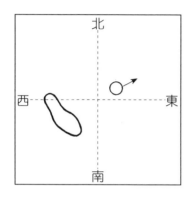

　　身體微右轉，重心右前移；左腳收至右腳內側，不落地，腳尖自然下垂。兩掌仍附於丹田，具體要求見第21頁。目視前方。

　　微右轉體、重心前移、收左步與兩掌附於丹田要協調自然。提腳時，右腳踏實立穩，右腿屈膝半蹲；左腿提膝、提腳，鬆胯。具體要求參看太極樁高架中的太極拳五大要領。

　　採用自然呼吸法。

太極步

13. 附丹田上步

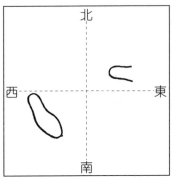

　　重心立穩於右腿，左腳向左前上步，腳跟著地。兩掌仍附於丹田，具體要求見第 21 頁。目視前方。

　　重心立穩於右腿、上左步與兩掌附於丹田要協調自然。上步時，右腿屈膝坐胯，左腿伸直微屈膝，左腳上步要柔和緩慢，落步輕靈沉穩。具體要求參看太極樁高架中的太極拳五大要領。

　　採用自然呼吸法。

太極步

14. 附丹田弓步

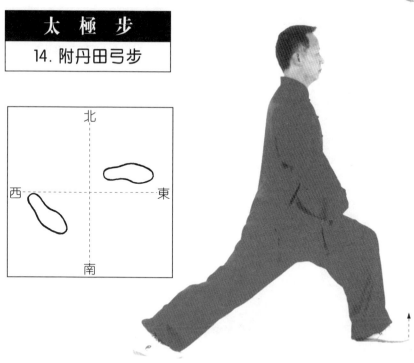

　　上體微微左轉，左腳掌落地踏實，重心前移，成左弓步。兩掌仍附於丹田，具體要求見第 21 頁。目視前方。

　　微左轉體、左腳踏實、重心前移弓步與兩掌附於丹田要協調自然。弓步時，左腿屈膝坐胯，膝蓋不得超過腳尖，右腿伸直微屈膝，沉胯。具體要求參看太極樁高架中的太極拳五大要領。

　　採用自然呼吸法。

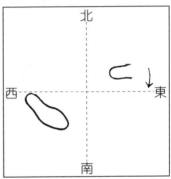

　　重心後坐至右腿，左腳尖隨之翹起。兩掌仍附於丹田，具體要求見第 21 頁。目視前方。

　　重心右後坐，左腳尖翹起與兩掌附丹田要協調自然。後坐時，右腿屈膝沉胯；左腿伸直微屈膝坐胯，腳跟著地。具體要求參看太極樁高架中的太極拳五大要領。

　　採用自然呼吸法。

太極步
16. 附丹田扣腳

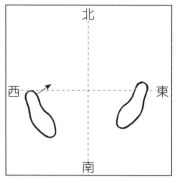

　　身體右轉，右腳踏穩，重心仍偏於右腿；左腳內扣約130°，兩腳呈倒八字形。兩掌仍附於丹田，具體要求見第21頁。目視左前方。

　　右轉體、踏穩右腳、重心偏右、扣左腳成倒八字形與兩掌附於丹田要協調自然。轉體時，右腿踝關節高度放鬆，右腿屈膝坐胯；左腳大幅度內扣不少於130°，左腿踝、膝、胯關節要節節放鬆。具體要求參看太極樁高架中的太極拳五大要領。

　　採用自然呼吸法。

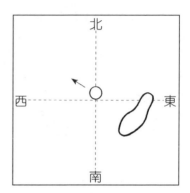

太 極 步

17. 附丹田提腳

身體右轉，重心移至左腿；右腳收至左腳內側，不落
地，腳尖自然下垂。兩掌仍附於丹田，具體要求見第 21
頁。目視前方。

右轉體、重心左移、收提右腳與兩掌附於丹田要協調
自然。提腳時，左腳踏實立穩，左腿屈膝半蹲；右腿提
膝、提腳，鬆胯。具體要求參看太極樁高架中的太極拳五
大要領。

採用自然呼吸法。

太極步

18. 附丹田上步

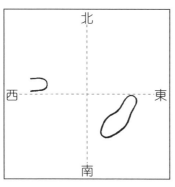

　　微右轉體，重心仍立穩於左腿；右腳向右前上步，腳跟著地。兩掌仍附於丹田，具體要求見第 21 頁。目視前方。

　　重心立穩於左腿、微轉體、上右步與兩掌附於丹田要協調自然。上步時，左腿屈膝沉胯；右腿伸直微屈膝，右腳上步柔緩，落地輕靈。具體要求參看太極樁高架中的太極拳五大要領。

　　採用自然呼吸法。

太極步
19. 附丹田弓步

上體微右轉，右腳掌落地踏實，重心隨之前移，成右弓步。兩掌仍附於丹田，具體要求見第 21 頁。目視前方。

微右轉體、重心前移成弓步與兩掌附於丹田要協調自然。弓步時，右腿屈膝坐胯，膝蓋不得超過腳尖；左腿伸直、微屈膝，沉胯。具體要求參看太極樁高架中的太極拳五大要領。

採用自然呼吸法。

太極步
20. 附丹田擺腳

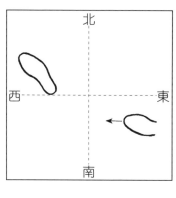

身體微右轉，重心微前移，右腳尖翹起外擺約 45°踏實；左腳隨之離地。兩掌仍附於丹田，具體要求見第 21 頁。目視前方。

微右轉體、擺腳前移、左腳跟離地與兩掌附於丹田要協調自然。擺腳時，右腿仍屈膝坐胯；左腿微屈膝沉胯，腳前掌撐地。具體要求參看太極樁高架中的太極拳五大要領。

採用自然呼吸法。

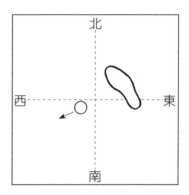

太極步

21. 附丹田提腳

　　身體微右轉，重心右前移；左腳收至右腳內側，不落地，腳尖自然下垂。兩掌仍附於丹田，具體要求見第21頁。目視右前方。

　　微右轉體、重心前移、收左步與兩掌附於丹田要協調自然。提腳時，右腳立穩踏實，右腿屈膝半蹲；左腿提膝、提腳，鬆胯。具體要求參看太極樁高架中的太極拳五大要領。

　　採用自然呼吸法。

太 極 步

22. 附丹田上步

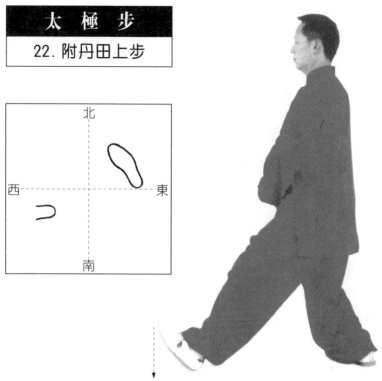

重心立穩於右腿，左腳向左前上步，腳跟著地。兩掌仍附於丹田，具體要求見第21頁。目視前方。

重心立穩於右腿、上左步與兩掌附於丹田要協調自然。上步時，右腿屈膝坐胯，左腿伸直、微屈膝。左腳上步要柔和緩慢，落步輕靈沉穩。具體要求參看太極樁高架中的太極拳五大要領。

採用自然呼吸法。

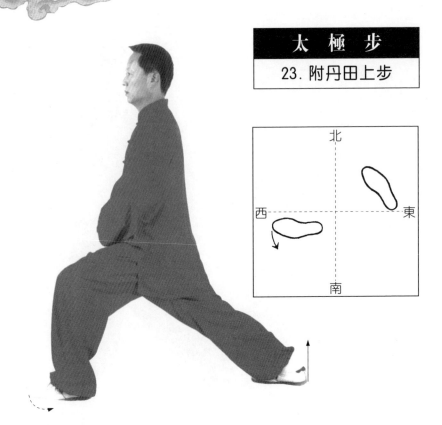

　　上體微微左轉，左腳掌落地踏實，重心前移，成左弓步。兩掌仍附於丹田，具體要求見第21頁。目視前方。

　　微左轉體、左腳踏實、重心前移成弓步與兩掌附於丹田要協調自然。弓步時，左腿屈膝坐胯，膝蓋不得超過腳尖；右腿伸直、微屈膝，沉胯。具體要求參看太極椿高架中的太極拳五大要領。

　　採用自然呼吸法。

太極步
24. 附丹田擺腳

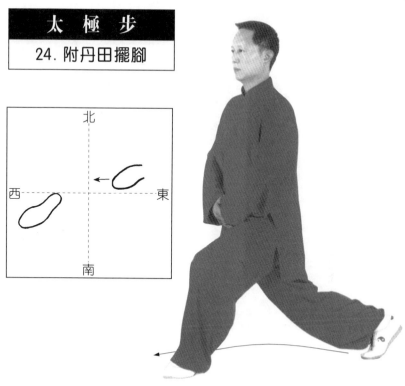

　　身體微左轉，重心微前移，左腳尖翹起外擺約45°踏實，右腳跟隨之離地。兩掌仍附於丹田，具體要求見第21頁。目視左前方。

　　微左轉體、擺腳前移與兩掌附於丹田要協調自然。擺腳時，左腿仍屈膝坐胯；右腿微屈膝沉胯，腳前掌撐地。具體要求參看太極椿高架中的太極拳五大要領。

　　採用自然呼吸法。

太 極 步
25. 附丹田提腳

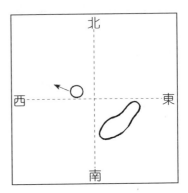

北

西 —————— 東

南

　　上體微微左轉，重心左前移；右腳收至左腳內側，不落地，腳尖自然下垂。兩掌仍附於丹田，具體要求見第21頁。目視左前方。

　　微左轉體、重心前移、提右腳與兩掌附於丹田要協調自然。提腳時，左腳踏實立穩，左腿屈膝半蹲；右腿提膝、提腳，鬆胯。具體要求參看太極樁高架中的太極拳五大要領。

　　採用自然呼吸法。

太 極 步

26. 附丹田上步

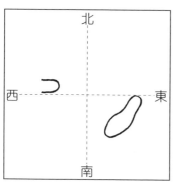

　　微右轉體，重心仍立穩於左腿；右腳向右前上步，腳跟著地。兩掌仍附於丹田，具體要求見第 21 頁。目視前方。

　　重心立穩於左腿、微轉體、上右步與兩掌附於丹田要協調自然。上步時，左腿屈膝沉胯；右腿伸直微屈膝，右腳上步柔緩，落地輕靈。具體要求參看太極樁高架中的太極拳五大要領。

　　採用自然呼吸法。

太極步

27. 附丹田弓步

上體微右轉，右腳掌落地踏實，重心隨之前移，成右弓步。兩掌仍附於丹田，具體要求見第21頁。目視前方。

微右轉體、重心前移成弓步與兩掌附於丹田要協調自然。弓步時，右腿屈膝坐胯，膝蓋不得超過腳尖；左腿伸直、微屈膝，沉胯。具體要求參看太極樁高架中的太極拳五大要領。

採用自然呼吸法。

太極步
28. 附丹田後坐

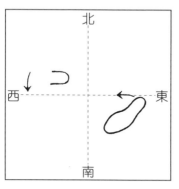

重心後坐於左腿，右腳尖隨之翹起。兩掌仍附於丹田，具體要求見第21頁。目視前方。

重心後坐、右腳尖翹起與兩掌附於丹田要協調自然。後坐時，左腿屈膝沉胯，右腿伸直、微屈膝，坐胯，腳跟著地。具體要求參看太極樁高架中的太極拳五大要領。

採用自然呼吸法。

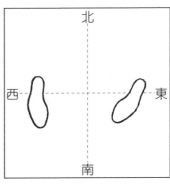

身體左轉，左腳踏實，重心仍偏於左腿；右腳內扣90°，腳尖扣至起式方向。兩掌仍附於丹田，具體要求見第21頁。目視前方。

左轉體、踏穩左腳、扣右腳與兩掌附於丹田要協調自然。轉體時，左腿踝、膝、胯關節高度放鬆；右腳內扣時，注意右腿鬆膝，鬆胯。具體要求參看太極樁高架中的太極拳五大要領。

採用自然呼吸法。

太 極 步
30. 附丹田右移

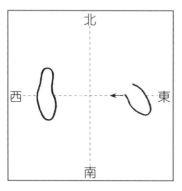

　　重心右移，左腳跟隨之提起，腳尖點地。兩掌仍附於丹田，具體要求見第 21 頁。目視前方。

　　重心右移、左腳跟提起與兩掌附於丹田要協調自然。重心右移時，右腳踏穩，右腿屈膝，沉胯；左腿伸直、微屈膝，鬆胯。具體要求參看太極樁高架中的太極拳五大要領。

　　採用自然呼吸法。

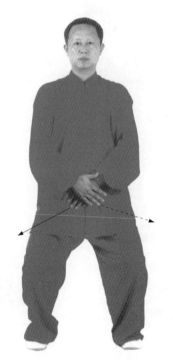

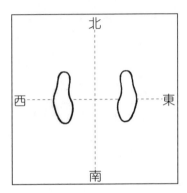

右腳立穩，重心仍在右腿；左腳收至右腳內側，平行站立，與肩同寬。兩掌仍附於丹田，具體要求見第21頁。目視前方。

重心立穩於右腿、收左步與兩掌附於丹田要協調自然。收步時，右腳立穩；左腳緩緩離地回收，輕輕落地，不可隨地拖步；左腳收回後，仍保持屈膝半蹲。具體要求參看太極樁高架中的太極拳五大要領。

採用自然呼吸法。

太極步
32. 起身分落掌

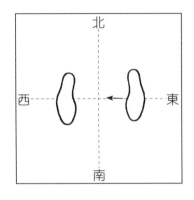

　　兩腳蹬地，身體緩緩升起，兩掌同時分落至腿兩側，掌心均向內，指尖均下垂。目視前方。

　　起身站立與兩掌分落要緩慢、協調，同時到位。兩腳距離仍保持與肩同寬，兩腿伸直且鬆膝。具體要求參看太極椿高架中的太極拳五大要領。

　　採用自然呼吸法。

太極步

33. 收式還原

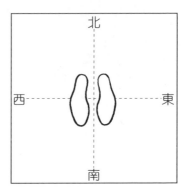

　　右腳立穩重心，左腳離地緩緩收落至右腳內側，兩腳平行併步站立。兩掌仍附於腿的兩側。目視前方。

　　併步時，兩腳之間約空1公分，不可靠得過緊。全身上下保持含虛、鬆靜。具體要求參看太極樁高架中的太極拳五大要領。

　　採用自然呼吸法。

二、楊式太極拳競賽套路分解教學

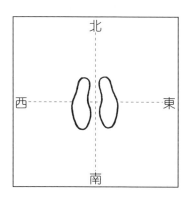

兩腳平行併攏站立，兩手自然下垂，輕貼兩腿外側，下頦微內收，頭頸中正，兩肩鬆沉，胸腹舒暢，意識集中，呼吸自然，精神飽滿。目視前方。

兩腳站立時，腳尖不可外斜。在鬆肩的同時，兩肩應向前微合，使胸部有內含之意，但不可過分。注意不可聳肩、歪頭、挺胸、凸臀。要微鬆膝，周身舒鬆輕靈，面部自然，口輕閉。

採用自然呼吸法。

【攻防含義】以靜制動。

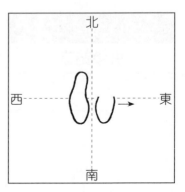

（一）起　式

1. 左腳跟離地

北

西　　　　　　東

南

　　身體重心右移，左腳跟離地，兩手自然下垂，輕貼大腿外側，腋下含空。右膝放鬆，左膝微屈。目視前方。

　　周身輕靈含虛，不可拿勁，身體不可歪斜、聳肩、歪頭、挺胸、凸臀。

　　左腳跟離地為吸氣。

　　【攻防含義】以我微動制大動。

（一）起 式
2. 左開步站立

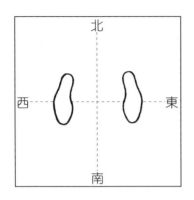

　　左腳離地向左側橫開步，兩腳間距離與肩同寬，兩腳尖向正前方。兩手自然下垂，輕貼兩腿外側。目平視正前方。

　　動步時，左腳跟先離地，繼而全腳緩緩離地；落步時要輕靈柔和，腳尖先著地，漸漸全腳踏實。兩腳平行，處在同一水平線上，重心落於兩腳之間。注意開步時上體保持中正，腋下含空。

　　左開步站立為呼氣。

　　【攻防含義】以小動待大動。

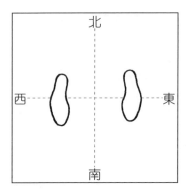

（一）起　式

3. 兩臂前平舉

北

西　　　東

南

　　兩臂緩慢向前平舉，與肩同寬、同高，手心向下，兩肘微下垂。目視前方。

　　舉臂時以肩為軸，以臂帶手，用意不用力，緩緩向前平舉。注意兩臂前平舉時要鬆肩垂肘，手腕與掌背大體持平，五指要舒展、平整、微分開、微內含，不可僵臂、凸腕、聳肩、抬肘、挺膝。

　　兩臂前平舉為吸氣。

　　【攻防含義】設對方向我伸手侵犯，我便隨勢抬起雙臂上掤以化解之。

（一）起　式

4. 沉肘下落掌

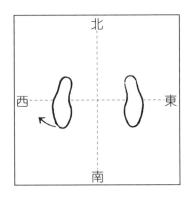

　　兩肩鬆沉，兩肘鬆垂帶動雙臂下落，手心向下坐腕，落於兩大腿外側。目視前方。

　　落臂落掌時，要保持身體中正，要以鬆肩垂肘引帶臂掌下落。注意周身不可僵勁，要輕緩下落。

　　沉肘下落掌為呼氣。

　　【攻防含義】設對方出手向我腹部進擊，我便順勢落掌以化解之。

（二）攬雀尾
1. 微轉身擺腳

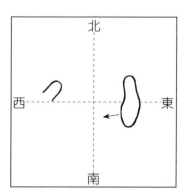

北

西　　　東

南

身體微右轉，右腳尖翹起，向右擺腳約 45°；同時右掌向右側微畫弧，左掌向左前微分。目視前方。

擺右腳與左、右臂畫弧要協調一致，同步到位。上體保持中正。注意擺右腳畫弧時，右腳掌要微離地面；右轉體不可過大，身體要輕靈含虛。

微轉身擺腳為吸氣。

【攻防含義】設對方出招向我右腰側進擊，我順勢右轉化解之。

（二）攬雀尾

2.提左腳抱球

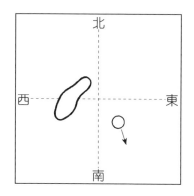

　　右腳踏實，重心移至右腿，上體右轉；左腳收於右腳內側，不落地。與此同時右掌上抬屈臂於胸前，掌心向下；左掌外旋，向右畫弧至右腹前，手心向上，與右手相對如抱球狀，兩臂成弧形。目視右手前方。

　　提左腳與右抱球要協調一致，同步到位。注意提左腳抱球時，上體要舒鬆中正；右腿要屈膝坐胯，不可直立；身體不可出現高低起伏。

　　提左腳抱球為呼氣。

　　【攻防含義】設對方出右手來犯，我便微右轉體、收左步，同時以左手畫穿至彼右臂下方，並以右掌壓控彼右臂上方，彼招自然化解。

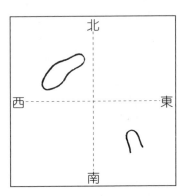

上體微左轉，左腳向左前方上步，腳跟輕輕先著地，腳尖上翹。兩手上下微微相合。目視左前方。

左腳跟落地與兩手微微相合要協調同步。轉體上步時，注意坐胯，不可凸臀前傾；上左步時，落地要輕，重心要立穩於右腿。

向左前上步為吸氣。

【攻防含義】設對方出右手來犯被我控制時，我即上左步套住彼右腿，同時以兩掌合力拿住其手腕待發。

（二）攬雀尾

4. 微前移分掌

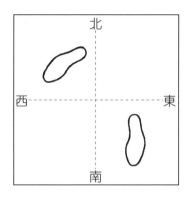

上體向左微轉，重心微前移；左腳尖下落，全腳踏實。同時兩手向左前右後緩緩分開，左掌分掤至左前方，右掌分落至體右前。目視左前方。

重心向左前移動時，不可全部移向左腿，右腿仍需屈膝控力，前後分掌不可過大。注意不可凸臀前傾。

微前移分掌為調息。

【攻防含義】當對方出右手來犯被我拿住臂腕時，我重心微前移掤之，彼必重心不穩而遠離。

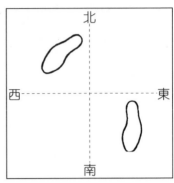

（二）攬雀尾
5. 側弓步分靠

上體微右轉，左腳踏實，右腿伸直，重心左移成左側弓步。同時左掌和左前臂向左前方掤靠，高與肩平，手心向裏；右掌弧形畫按於右胯旁，手心向下。目視右前方。

左掤靠分掌、左弓步與右轉體三者要協調一致，同步到位，不可散亂，意在左肩臂。注意收臀、沉右胯。

側弓步分靠為呼氣。

【攻防含義】設對方出右手來犯，我以右手拿住彼右腕向右後引按，以左臂掤起彼右大臂順勢靠之。

（二）攬雀尾

6. 移重心旋掌

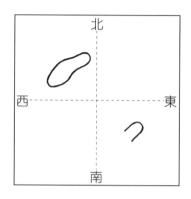

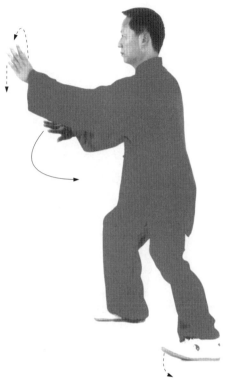

　　上體微右轉，重心右移，左腳尖上翹內扣約 45°。同時左掌內旋，掌心向右下方，腕同肩高；右掌隨身畫弧至右胯旁，掌心向下，指尖向前。目視左手前方。

　　轉體、移重心、扣腳與旋臂旋掌要協調一致，同步到位。重心右移時，要屈右膝坐右胯，注意不可凸臀前傾。

　　移重心旋掌為吸氣。

　　【攻防含義】設對方出手向我胸部進擊，我重心右移，順勢左掌內旋以化解之。

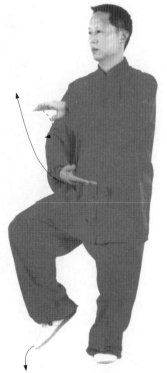

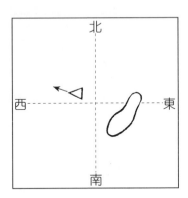

北

西 ---- 東

南

上體微左轉，重心全部移至左腿，右腳收至左腳內側，腳尖自然下垂而不落地。左臂內旋屈於左胸前，左掌心翻轉向下，與胸同高，指尖向右；右臂外旋，右掌向左畫弧至左腹前，掌心向上，指尖向左，兩掌相對如抱球狀。目視左掌前方。

轉體、旋臂、收步與抱球要協調同步。提腳時，要立穩重心，身體不可歪斜。注意在抱球時要腋下含空，身體舒鬆。

提右腳抱球為呼氣。

【攻防含義】設對方出左手向我胸部進擊，我速以左手拿住彼手腕，右手抄控其臂以化解之。

（二）攬雀尾

8. 上步右掤臂

北

西 —————————— 東

南

上體微右轉，左腿立穩重心，右腳向右前上步，腳跟著地。右臂微內旋上掤至胸前，掌心向裏，指尖向左；左掌微微下落至右小臂內側，與胸同高，掌心斜向前，指尖斜向上，臂呈弧形。目視前方。

上體右轉上步與掤臂落掌要協調一致，同步到位。上步時，左腿立穩重心，右腳邁步要緩慢，著地要輕靈。左腿屈膝坐胯，右腿稍屈膝沉胯。注意上體中正，含胸拔背。

上步右掤臂為吸氣。

【攻防含義】設對方出左手進犯，我順勢以右掌上掤其小臂，同時左掌搭拿其腕，以控制對方。

北

西 ---- 東

南

上體微右轉，右腳掌踏實，重心前移，成右弓步。右臂弧形向前掤擠，高平上胸部，手心向裏，指尖向左；左掌微下落至右小臂內側下方，掌心向前，指尖斜向上，距右小臂 5 公分左右。目視前方。

轉體弓步與右臂前掤、左掌微下落前擠要協調一致，同步到位。弓步時，右腿屈膝坐胯，左腿要伸直，左胯要鬆沉。注意身體中正，不可前傾。

右弓步掤臂為呼氣。

【攻防含義】設對方出手進犯，我以右臂掤托彼臂，以左掌拿壓其腕向前發力擠出對方。

（二）攬雀尾

10. 微轉體舉掌

上體微右轉，仍為右弓步。右掌內旋向右前上方畫弧伸舉，翻手心斜向前，指尖斜向上，與頭同高；左掌同時向右前引推外旋，轉手心斜向上，指尖斜向右前，左手在右肘內側下方，兩手心斜相對。目視兩掌前方。

微右轉體、右掌畫弧旋伸與左掌引推外旋要協調同步。畫弧時，要鬆腰隨體，以腰為軸；弓步時，注意左胯鬆沉，左腿直而不僵。

微轉體舉掌為吸氣。

【攻防含義】設對方出左手進擊我頭右部，我雙臂、掌速向右上方舉架以化解之。

11. 左轉體後捋

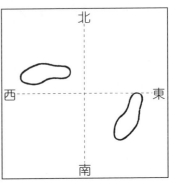

重心左後移，左轉體，兩手同時由右上方向左下方捋至腹前。右掌心斜向左下方，指尖向右前；左掌心斜向上，指尖向右下。目視兩掌前方。

左轉體、重心後移與兩掌左下捋應協調一致，同步到位。重心後移時，要屈左膝坐胯，右膝要微鬆屈。注意不可凸臀、前傾，兩腋下要含空。

左轉體後捋為呼氣。

【攻防含義】設對方出左手進犯，我以右手拿其肘，左手拿其腕部，順勢用合力捋發，使彼倒地。

（二）攬雀尾
12. 右轉體搭腕

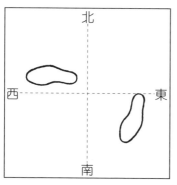

北

西 ---- 東

南

上體微向右轉，右臂外旋屈肘橫於胸前，掌心向內，指尖向左；左掌內旋上提，轉掌心向前外，以掌指搭附於右腕內側，指尖向上。兩臂呈弧形。目視右臂前方。

右轉體與畫弧搭腕要協調同步。要以腰為軸，帶動兩臂旋轉運動。橫臂搭腕時，重心仍落於左腿，注意上體中正。橫臂應與上胸部同高，兩臂撐圓。

右轉體搭腕為吸氣。

【攻防含義】接上動，當我用捋勢而對方體重力大難以捋動時，我應不斷勁，右轉體並轉手搭彼腕待發。

（二）攬雀尾

13. 右弓步前擠

重心前移成右弓步。兩掌同時向前掤臂擠出，兩臂合力前撐。目視前方。

兩掌前擠與右弓步要協調一致，同步到位。兩掌擠出後與上胸部同高。弓步形成時，注意沉後胯，左腿伸直，上體保持中正，不可前傾，右膝不可超過腳尖。

右弓步前擠為呼氣。

【攻防含義】接上動，當我轉過身來不斷勁，借著對方後拉勁順勢擠出，對方即應聲而倒。

（二）攬雀尾

14. 弓步旋伸掌

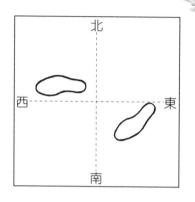

　　重心在前，仍為右弓步。左掌沿右掌背弧形向前、向左平抹，右掌同時內旋向前伸出，兩手隨即翻轉為掌心向下，指尖向前；兩臂與上胸部同高。目視兩掌前方。

　　左掌向前、向左平抹與右掌內旋前伸應協調同步。兩掌伸出時，要鬆肩垂肘，舒展大方，兩肩保持向前微合，兩掌兩臂間距離約同肩寬，身體中正。

　　弓步旋伸掌為吸氣。

　　【攻防含義】接上動，當我用擠勢發出對方而對方不倒時，我順勢以雙掌前刺之。

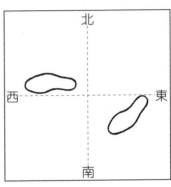

　　重心左後移，上體以內動微微左沉轉，屈左膝，坐胯；右膝微屈，似直非直。兩掌同時回抽於胸前，掌心均斜向下，指尖均斜向前上方。目視前方。

　　重心後移、屈膝、坐胯與兩掌回抽要協調同步。後坐抽掌時，要鬆肩垂肘，鬆腰含胸，不可後仰蹺腳、凸臀彎腰。

　　後坐收攔掌為呼氣。

　　【攻防含義】設對方出雙手來犯，我便順勢以雙手搭蓋其兩臂上方並後坐抽壓以化解之。

（二）攬雀尾

16. 弓步雙按掌

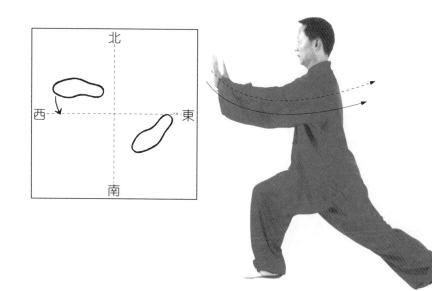

重心前移，右腿屈膝前弓，左腿伸直，成右弓步。同時兩掌向前按出，腕同胸高，掌心均向前，指尖均向上；兩臂與肩同寬而微屈，沉肩垂肘。目視前方。

重心前移、屈膝弓步與兩掌前按要協調一致，同步到位。弓步時，後胯鬆沉，力發於後腳跟。按掌時，要注意坐腕，力達掌根，但不可用僵勁。

弓步雙按掌為調息。

【攻防含義】設對方出雙手來犯，被我用後坐引空，我勁不斷順勢發力前按，使彼後傾。

（三）單　鞭
1. 左轉體擺掌

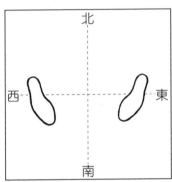

　　重心左後移，身體左轉130°，右腳內扣，兩腳呈倒八字形踏實。兩掌同時由右前經胸前向左弧形平抹運轉至左側方，左掌在前、右掌在後，掌心均向下，指尖均向左，兩掌約與上胸部同高。目視左前方。

　　重心後移、身體左轉、右腳內扣與兩掌運抹應協調一致，同步到位。移重心時，要緩緩均勻地把重心移至左腿。抹掌時，要注意鬆肩垂肘，以身帶臂，以臂帶掌，上下協調連貫。

　　左轉體擺掌為吸氣。

　　【攻防含義】設對方出左手來犯，我以左手搭其腕，以右手黏搭其肘，向左後捋帶而化解之。

（三）單　鞭

2. 右轉體擺掌

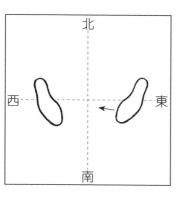

北

西 ─ ─ ─ 東

南

　　上體右轉，重心右移，兩腳踏實。兩掌同時由左側方向體前抹擺，右掌擺至右胸前，左掌抹至體左前，均與胸同高；兩掌心均向下，指尖均向左前方。目視前方。

　　上體右轉、重心右移、兩腳踏實與兩掌同時抹擺應協調一致，同步到位。右移重心時，兩腳紮穩，不可移位。抹掌時，要注意沉肩垂肘，含胸拔背，上體不可歪斜；要以身體帶臂，以臂帶掌，上下連貫協調。

　　右轉體擺掌為呼氣。

　　【攻防含義】設對方出右手來犯，我以右掌接拿其腕部，以左掌搭拿其肘臂，順勢發力捋帶以化解彼招。

(三)單　鞭

3. 提左腳勾手

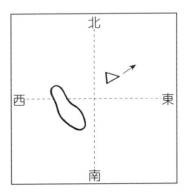

　　重心全部移至右腿，左腳收至右腳內側，不落地，腳尖自然下垂。右掌向右前方運伸變勾手，腕略高於肩；左掌向右前運抹外旋，變挑掌至面前，掌心向內，虎口向上，距面部約 30 公分，約與眉眼同高。目視左掌前方。

　　穩固重心，提收左腳與勾手、挑掌應協調同步。身體中正，勾手略高於肩，勾尖向下，周身鬆靜自然，不可僵勁。

　　提左腳勾手為吸氣。

　　【攻防含義】設對方出左手來犯，我翻轉右掌拿住其腕，彼又伸右手，我便以左掌挑化解之。

（三）單　鞭
4. 上左步挑掌

上體微左轉，重心仍在右腿；左腿向左前上步，腳跟著地。左掌隨之向左前伸挑，掌心向內，指尖斜向上，約與眉眼同高；右勾手隨體而動，吊於右後方，腕略高於肩，勾尖向下。目視左掌前方。

左轉體上步與勾手、挑掌應協調一致，同步到位。上步時，右腿屈膝半蹲，立穩重心，左腳上步落地要輕靈。同時注意上體中正，不可聳肩、彎腰、凸臀。

上左步挑掌為調息。

【攻防含義】設對方出左手來犯，我以右掌拿住其腕向右後引吊；彼又伸右手來犯，我隨即以左掌挑化之，同時上左步套其腿待發。

楊式太極拳競賽套路分解教學40式

（三）單　鞭
5. 左弓步推掌

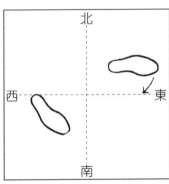

北

西 ——————— 東

南

　　上體微左轉，左腳掌落地，全腳踏實，隨即左腿屈膝前弓；右腿伸直，成左弓步。同時左掌內旋向左前推出，掌心斜向前，指尖向上。目視左掌前方。

　　微左轉體、腳掌落實弓步與左掌前推應協調同步。定式時，左腕約與肩同高，指尖與鼻尖平，勾手右臂微向右後開擺。注意身體中正，鬆沉後胯。

　　左弓步推掌為呼氣。

　　【攻防含義】設對方出左手來犯，我以右手勾拿後拉；彼再出右手進擊，我以左手將其挑空，並順勢向對方胸部發力推掌以擊之。

（四）提手上勢

1. 移重心擺掌

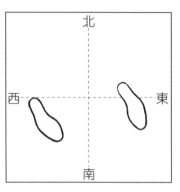

重心後移，身體右轉，左腳尖翹起內扣踏實。同時左掌向內擺掌約45°；右勾手隨轉體向右側擺畫，手腕與肩同高，掌心斜向左前方，指尖與鼻平。目視左掌前方。

重心後移、右轉體、左腳內扣踏實與左掌內擺應協調同步。轉體時，要屈右膝坐胯，左腿微屈膝。同時注意身體中正，不前傾。

移重心擺掌為吸氣。

【攻防含義】設對方出右手來犯，我右轉身向內擺掌以化解之。

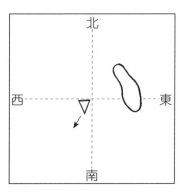

重心移至左腿立穩，上體微右轉，右腳收至左腳內側，不落地。右勾手變掌，向右前方伸抬，掌心向下，指尖向右前；左掌向內微收，掌心斜向右下方，指尖斜向前，兩臂均呈弧形。目視兩掌前方。

移重心、微右轉體、提右腳與勾手變伸抬掌應協調同步。提腳時，重心要立穩於左腿，周身要含虛輕靈，不可僵勁。注意身體中正。

提右腳抬掌為調息。

【攻防含義】設對方出左手來犯，我以右掌控制其臂肘，以左掌控制其手腕，以化解彼招。

(四)提手上勢

3. 虛步合舉掌

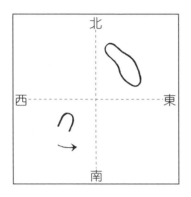

上體微微左轉，右腳向右前方落步，腳跟著地，重心仍在左腿。右掌外旋伸舉於右前方，腕與肩同高，掌心向左，指尖斜向上；左掌微外旋，向右與右掌、右臂相合至右肘內側，掌心向右，指尖斜向上。目視右掌前方。

上體微微左轉、右腳向前落步與兩掌合舉應協調一致，同步到位。上右步時，落腳要輕靈，左腿要屈膝坐胯，重心要穩。合掌時要鬆柔，力發於內，不凸臀前傾。

虛步合舉掌為呼氣。

【攻防含義】設對方出左手向我胸部進擊，我以右掌黏拿其肘，以左掌黏拿其腕，用合力上送使彼倒地。

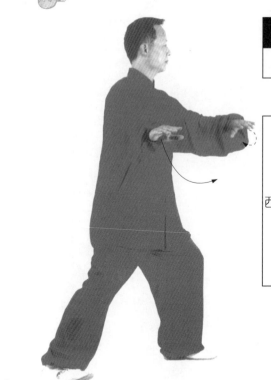

（五）白鶴亮翅

1. 左轉體畫弧

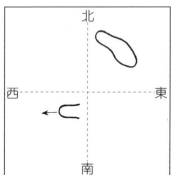

身體左轉，重心仍在左腿，右腳隨之內扣，腳掌不落地。左掌隨轉身內旋畫弧至胸前，掌心向下，指尖斜向右前；右掌內旋下落至身右側，掌心向下，指尖向右側前。目視左掌前方。

身體左轉、右腳內扣與兩掌旋動應協調一致，同步到位。轉身時，左腳要立穩，不可亂動；扣腳時，右腿要輕靈，周身要保持舒鬆、中正。

左轉體畫弧為吸氣。

【攻防含義】設對方從我左側出手進擊，我便轉體、旋臂、抬掌以化解之。

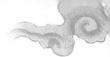

（五）白鶴亮翅

2. 撤步前抱球

上體微微左轉，重心立穩於左腿，右腳向右後撤小半步。右掌向下、向左畫弧至左腹前，掌心向上，指尖向左；左掌微微向右運伸，掌心向下，指尖向右，與右掌上下相對，如抱球狀。目視前方。

上體微轉、右腳後撤與兩掌畫弧抱球應協調同步。轉體撤步時，重心要穩，撤步不可太大；在撤步時，不可前傾，並注意腋下含空。

撤步前抱球為呼氣。

【攻防含義】設對方出雙手向我進犯，我右腳後撤；同時兩手旋抱於胸前以破彼招。

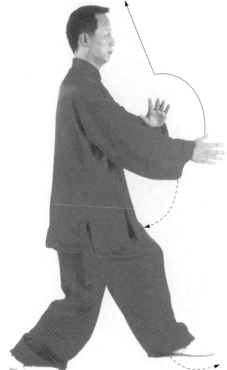

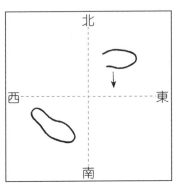

（五）白鶴亮翅

3. 後坐右挑掌

　　重心右移，左腳跟微內碾提起，上體微右轉。兩手邊合邊舉至右肩前，右掌心斜向左，指尖向左前；左掌運至右小臂內側上方，掌心向下，指尖斜向右前。目視右掌前方。

　　以腰帶臂，邊合邊挑，協調到位。身體重心由左腿緩緩移至右腿，右腿屈膝、坐胯，立身要中正，不可有起伏。

　　後坐右挑掌為吸氣。

　　【攻防含義】設對方從我右前進擊，我雙手向右上抬挑以化解之。

4.虛步分架掌

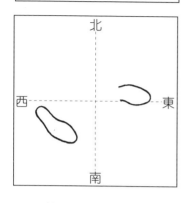

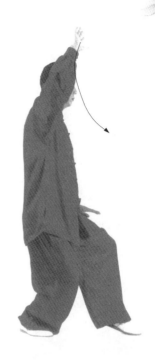

上體微左轉，重心立穩於右腿；左腳向右腳內側前方進步，腳尖點地，成左虛步。右掌內旋成弧形向上舉至頭的右上方，掌心斜向前；左掌按於左胯旁，掌心向下，指尖向前。目視前方。

微左轉體、穩固重心與左右分架掌要協調同步。舉架掌時，要坐胯屈膝，鬆沉穩固；上體要含胸拔背，有虛領頂勁之意識；不可塌腰凸臀。

虛步分架掌為呼氣。

【攻防含義】設對方出手進擊我面部，同時又出腳攻擊我腹部，我以上下分掌之勢化解之。

楊式太極拳競賽套路分解教學40式

（六）摟膝拗步

1. 微左轉落掌

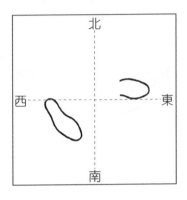

上體微左轉，重心仍在右腿。右掌外旋自頭前弧形畫擺下落，掌心斜向上，高與面平。目視右掌。

右掌外旋下落與上體微左轉應協調同步。落掌時要鬆肩垂肘，以腰為軸，撐腰坐胯。右掌應落於身體的正前方，腕同肩高。注意身體不可歪斜。

微左轉落掌為調息。

【攻防含義】設對方出手進擊我胸、面部，我順勢左轉體、下落掌擊彼面、胸部，同時化解來犯之手。

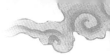

（六）摟膝拗步
2. 右轉體畫弧

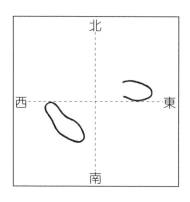

北

西　　　　東

南

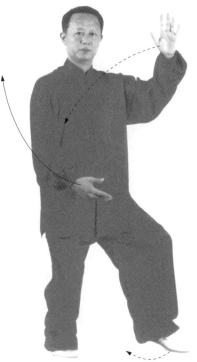

　　上體右轉，隨之右掌向下、向右畫弧至體右側，掌心斜向前，指尖斜向下；左掌外旋向上、向右畫弧至右面前，掌心向右，指尖向上，與頭同高。目視右前方。

　　上體右轉與右、左掌畫弧應協調同步。轉體畫弧時，身體重心仍落於右腿。注意眼神要隨同兩掌畫弧轉移；以腰為軸，身體不可歪斜。

　　右轉體畫弧為吸氣。

　　【攻防含義】設對方出右手向我胸、頭部進擊，接著又出招進擊我右肋部，我便順勢右轉體，以左掌向右上畫、右掌向右下畫以化解彼招。

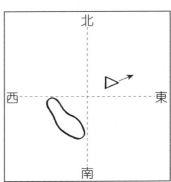

　　上體繼續右轉，重心全部移至右腿；左腳同時收至右腳內側，不落地，腳尖自然下垂。右掌向右側上方挑托，腕同肩高，掌心斜向左前方，指尖向右側前方；左掌向右、向下畫弧至右胸前，掌心向下，指尖向右。目視右掌。

　　上體右轉、左腳提起與兩掌畫弧挑托應協調同步。托右掌時，要以拇指領先向上挑托，到位時要成側立掌（與四十二式拳要有區分）。注意轉體時身體不可傾斜。

　　提左腳托掌為呼氣。

　　【攻防含義】設對方出左手來犯，我以右掌托其肘，以左掌搭其腕，用上下合力折傷彼肘。

（六）摟膝拗步

4. 上左步收掌

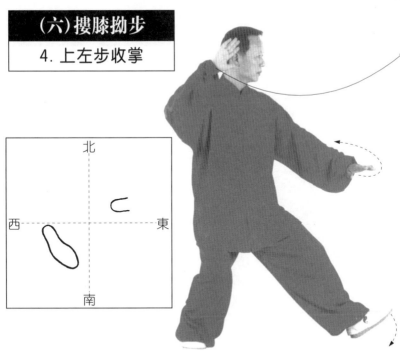

上體左轉，重心仍立穩於右腿；左腳向左前方上步，腳跟輕輕著地。右臂屈肘，右掌收至耳旁，掌心向前，指尖向上；左掌向下、向前畫弧至體前，掌心向下，指尖斜向右。目視前方。

上體左轉、穩固重心、左腳上步與左掌向前畫弧、右掌屈肘收至耳旁應協調同步。上步時，要緩慢、輕落，右腿要屈膝坐胯，立穩重心，不可凸臀前傾；周身要舒鬆。

上左步收掌為吸氣。

【攻防含義】設對方出腿向我腹部進擊，我左轉身、上左步，同時左掌向下、向左畫弧以化解之；右掌屈收以護耳門。

（六）摟膝拗步

5. 弓步摟推掌

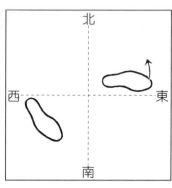

重心前移，腳前掌踏實，成左弓步。右掌向前推出，掌心向前，指尖向上，腕同肩高，指尖約與鼻尖平；左掌經左膝前弧形摟畫至左膝外側，掌心向下，指尖向前。目視前方。

重心前移、左腳踏實成弓步與右掌前推、左掌向左弧形摟畫應協調同步。弓步時，左腿膝蓋不能超過腳尖，後腿伸直而不僵，直中有屈，屈中求直；身體中正。

弓步摟推掌為呼氣。

【攻防含義】設對方從前面出腿進擊，我以左手摟化其腿；右掌同時發力打擊彼胸、面部。

（六）摟膝拗步

6. 擺腳伸合掌

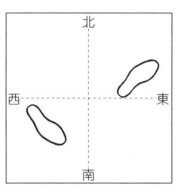

　　左腳尖翹起外擺，隨即踏實；同時微左轉體。左掌外旋向前伸托，掌心向上，指尖向右前，位於右肘內側下方；右掌微微下落，掌心斜向下，指尖斜向前，約與肩同高，兩掌心斜相對。目視右掌前方。

　　左腳上翹外擺、微左轉體與左掌外旋伸托、右掌微下落應協調一致，同步到位。左腳外擺時，右腳要穩，左腿、左胯不可僵；注意胯部要鬆中有緊，緊中有鬆。

　　擺腳伸合掌為吸氣。

　　【攻防含義】設對方出左手來犯，我以左手接拿其腕，右掌黏搭其肘，用合力折傷彼肘。

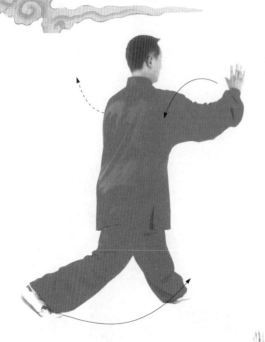

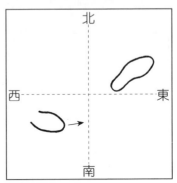

7. 移重心畫弧

上體微微左轉，重心
左前移；右腿屈膝，右腳
跟離地。左掌弧形畫至左胯旁，
掌心斜向右上方，指尖向前；右
掌隨轉體畫至右前方，與頭同
高，掌心向左前，指尖向上。目視左
前方。

上體微微左轉、重心左前移、右
腳跟離地與兩掌畫弧應協調一致，同
步到位。移重心時，左腳踏實，屈左
膝，右胯鬆沉，右膝鬆屈。注意身體中正，不前傾。

移重心畫弧為呼氣。

【攻防含義】設對方出手向我胸、面部進擊，我順勢
左轉體；同時以右掌、臂攔截對方。

（六）摟膝拗步

8. 提右腳托掌

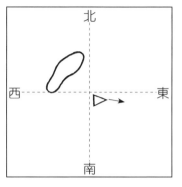

　　重心緩緩前移，左腳踏實，重心全部移至左腿；右腳提收至左腳內側而不落地，腳尖自然下垂。左掌向左、向上畫弧托舉至左側上方，腕同肩高，掌心斜向右前，指尖向左側前方；右掌向左、向下畫弧至左胸前，掌心向下，指尖向左。目視左掌前方。

　　重心緩緩前移、左腳踏實立穩與右腳收至左腳內側而不落地應協調同步到位。托掌時，要以拇指領先向上托挑，要成側立掌（與四十二式拳要有區分）。注意身體不可傾斜。

　　提右腳托掌為吸氣。

　　【攻防含義】設對方出右手來犯，我以左掌托其肘，以右掌搭其腕，用上下合力折傷彼肘。

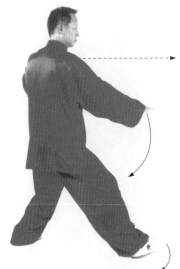

（六）摟膝拗步

9. 上右步收掌

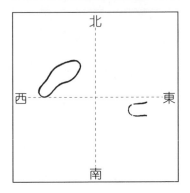

上體右轉，重心仍立穩於左腿；右腳向右前方上步，腳跟輕輕著地。左臂屈肘，左掌收至耳旁，掌心向前，指尖向上；右掌向下、向前畫弧至體前，掌心向下，指尖向左。目視前方。

上體右轉、立穩重心、右腳上步與右掌向前畫弧、左掌屈肘收至耳旁應協調同步。上步時，要緩慢輕靈，左腿要屈膝坐胯，立穩重心，不可凸臀前傾。周身保持舒鬆。

上右步收掌為調息。

【攻防含義】與「4.上左步收掌」同，唯左右相反。

（六）摟膝拗步

10. 弓步摟推掌

重心前移，腳前掌踏實，成右弓步。左掌向前推出，掌心向前，指尖向上，腕同肩高，指尖約與鼻尖平；右掌經右膝前弧形摟畫至右膝外側，掌心向下，指尖向前。目視前方。

重心前移、左腳踏實成弓步與左掌前推、右掌向右弧形摟畫應協調同步。弓步時，膝蓋不能超過腳尖，後腿伸直而不僵，直中有屈，屈中求直。注意身體中正。

弓步摟推掌為呼氣。

【攻防含義】與上一「弓步摟推掌」同，唯左右相反。

右腳尖蹺起外擺，隨即踏實；同時微右轉體。右掌外旋向前伸托至左肘內側下方，掌心向上，指尖向前；左掌微微下落，掌心斜向下，指尖斜向前，約與肩同高，兩掌心斜相對。目視左掌前方。

右腳上蹺外擺、微右轉體與右掌外旋伸托、左掌微下落應協調一致，同步到位。右腳外擺時，左腳要穩，右腿、右胯不可僵，注意胯部要鬆中有緊，緊中有鬆。

擺腳伸合掌為吸氣。

【攻防含義】與「6.擺左腳伸掌」同，唯左右相反。

（六）摟膝拗步

12. 右轉體畫弧

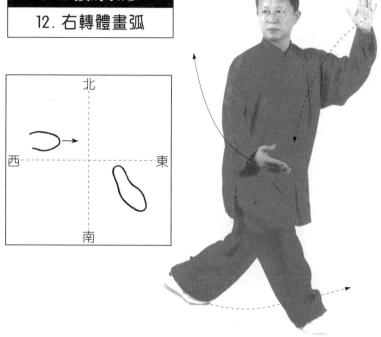

上體微微右轉，重心前移；左腿屈膝，左腳跟離地。右掌弧形畫至右胯旁，掌心斜向左上方，指尖向前；左掌隨轉體畫至左前方，與頭同高，掌心向右前，指尖向上。目視右前方。

上體微微右轉、重心右前移、左腳跟離地與兩掌畫弧應協調一致，同步到位。移重心時右腳踏實，屈膝，左胯鬆沉，左膝鬆屈。注意身體中正，不前傾。

右轉體畫弧為呼氣。

【攻防含義】與「7.移重心畫弧」同，唯左右相反。

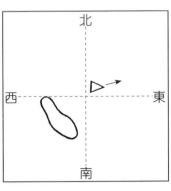

　　重心緩緩前移，右腳踏實，重心全部移至右腿；左腳提收至右腳內側而不落地，腳尖自然下垂。右掌向右、向上畫弧托舉至右側上方，腕同肩高，掌心斜向左前，指尖向右側前方；左掌向右、向下畫弧至右胸前，掌心向下，指尖向右。目視右掌前方。

　　重心緩緩前移、右腳踏實立穩、左腳收至右腳內側而不落地，三者應協調同步。托舉掌時，要以拇指領先向上托挑，要成側立掌（與四十二式拳要有區分）。注意身體不可傾斜。

　　提左腳托掌為吸氣。

　　【攻防含義】與上一「提左腳托掌」同。

（六）摟膝拗步
14. 上左步收掌

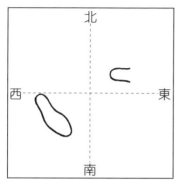

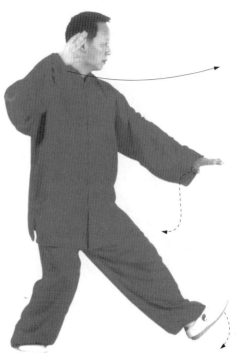

上體左轉，重心仍立穩於右腿；左腳向左前方上步，腳跟輕輕著地。右臂屈肘，右掌收至耳旁，掌心向前，指尖向上；左掌向下、向前畫弧至體前，掌心向下，指尖斜向右。目視前方。

上體左轉、立穩重心、左腳上步與左掌向前畫弧、右掌屈肘收至耳旁應協調同步。上步時要緩慢輕靈，右腿要屈膝坐胯，立穩重心。不可凸臀前傾，周身要舒鬆。

上左步收掌為調息。

【攻防含義】與上一「上左步收掌」同。

（六）摟膝拗步

15. 弓步摟推掌

　　重心前移，腳前掌踏實，成左弓步。右掌向前推出，掌心向前，指尖向上，約與鼻尖平，腕同肩高；左掌經左膝前弧形摟畫至左膝外側，掌心向下，指尖向前。目視前方。

　　重心前移、左腳踏實成弓步與右掌前推、左掌向左弧形摟畫應協調同步。弓步時，左腿膝蓋不能超過腳尖，後腿伸直而不僵，直中有屈，屈中求直。身體中正。

　　弓步摟推掌為呼氣。

　　【攻防含義】與上一「弓步摟推掌」同。

（七）手揮琵琶

1. 移重心跟步

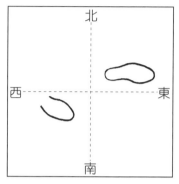

　　重心前移，右腳向前跟進半步，至左腳後內側，腳前掌著地。右掌隨重心前移，向前微微推進，掌心向前，指尖向上；左掌按於左膝外側上方，掌心向下，指尖向前。目視前方。

　　重心前移、右腳跟進半步與右掌微微前推應協調同步。右腳向前跟步時，重心要立穩於左腿，壓住力，身體不可站起，不可前傾；同時注意右膝鬆屈。

　　移重心跟步為調息。

　　【攻防含義】接上動，繼續跟步推掌以打擊對方。

（七）手揮琵琶

2. 移重心抬掌

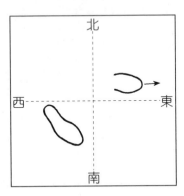

上體微右轉，右腳踏實，重心移至右腿；左腳隨之離地，腳尖著地。左掌向前方弧形抬伸，掌心斜向下，指尖斜向前，約與胸同高；右掌隨轉體向右、向後畫弧形至右前方，掌心向下，指尖向前，約與肩同高。目視前方。

上體微右轉、重心移至右腿、左腳跟離地與兩掌畫弧抬伸應協調同步。注意周身要舒鬆，以腰為軸；要以身帶臂，以臂帶掌，鬆肩垂肘，舒展大方。

移重心抬掌為吸氣。

【攻防含義】設對方出右手向我左側進擊，我抬左手挑化解之；對方又出左手，我順勢向右畫帶以化解之。

（七）手揮琵琶
3. 左虛步合臂

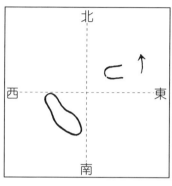

　　重心後坐於右腿；左腳向前微微活步，變腳跟著地，成左虛步。左掌外旋向內合舉，掌心向右，指尖斜向上，腕同肩高；右掌外旋向內弧形畫至左肘內側下方，與左掌相合，兩掌心斜相對。目視左掌前方。

　　重心後坐、左腳微微向前活步與兩掌畫弧向內合掌應協調一致，同步到位。定式時，右腿屈膝、坐胯，不可凸臀彎腰。上體中正。合掌時，要鬆肩垂肘，有鬆沉感。

　　左虛步合臂為呼氣。

　　【攻防含義】設對方出右手來犯，我以左手挑黏其肘，右手黏拿其腕，用合力採挒以化解之。

（八）搬 攔 捶

1. 微左轉握拳

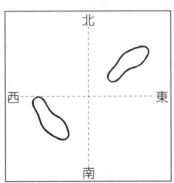

　　身體左轉，左腳尖外擺踏實，重心微前移。左掌微內旋，掌心斜向前，指尖斜向上，高與鼻平；右掌變拳向內微收於腹前，拳心向內，拳眼向上。目視前方。

　　身體左轉、左腳尖外擺踏實、重心微前移與左掌內旋、右掌變拳內收應協調一致，同步到位。轉體握右拳時，右臂屈肘向右前伸進，臂呈弧形。右腿屈膝，沉肩垂肘，身體中正。

　　微左轉握拳為吸氣。

　　【攻防含義】設對方出右手來犯，我以採捋禦敵無效，順勢左轉體以右肘攻擊對方。

（八）搬攔捶
2. 探體右搬捶

　　重心前移，上體向前方伸探，成側斜弓步。左掌微內旋經右臂外側下落至右肘內側下方，掌心向下，指尖向右前方；右拳先內旋後外旋，經左臂內側向上、向前搬打，拳心斜向內，高不過鼻、低不過胸。目視右拳前方。

　　重心前移、上體伸探與左掌下落、右拳向前外搬出應協調一致，柔和到位。右掌向前搬打時，左腳重心要穩，身體要斜中有正、舒展自然，不可僵勁。

　　探體右搬捶為呼氣。

　　【攻防含義】設對方出手來犯，我以左掌畫壓其臂，右拳搬打彼鼻、胸。

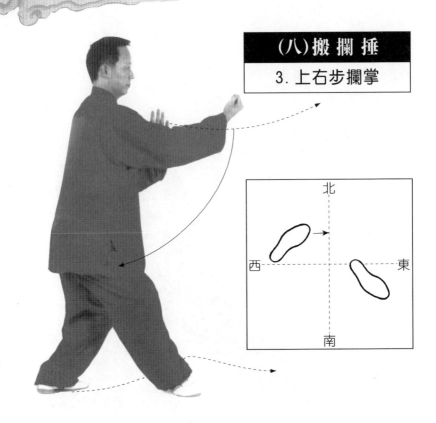

（八）搬攔捶

3. 上右步攔掌

重心移至左腿，身體微微右轉；右腳上步，腳尖外擺。右拳微下落，拳心斜向上，與胸同高；左掌微外旋上提，成立掌，掌心向右，指尖向上，立於胸前。目視前方。

重心移至左腿、微轉身上步與右拳微下落、左掌外旋上提應協調一致，同步到位。上右步時，左腿重心要穩，右腳上步外擺步子不要過大，兩腿應屈膝下沉。

上右步攔掌為吸氣。

【攻防含義】設對方出手進擊我胸部，我左掌上提攔化解之。

（八）搬攔捶

4. 上左步推掌

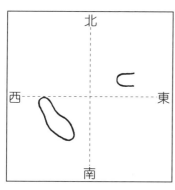

　　重心前移至右腿；同時右轉體，上左步，腳跟輕輕著地。左掌前推，與胸同高，掌心斜向前，指尖向上；右拳回抽收至腰間，拳心向上。目視左掌前方。

　　重心前移、右轉體上步與左掌前推、右拳回收應協調同步。上步時，右腿要屈膝、坐胯，立重心要穩，上步要緩慢輕靈。左推掌和右拳回抽要同時，陰陽對拔勁要協調，不可凸臀前傾。

　　上左步推掌為調息。

　　【攻防含義】設對方出左手來犯，我以右手拿住其腕後抽，同時左掌向彼胸部推打。

（八）搬攔捶
5. 左弓步沖拳

上體左轉，重心前移，左腳踏實，左腿屈膝，成左弓步；右腿伸直。左掌向右、向內弧形畫收至右小臂內側，掌心向右，指尖斜向前；右拳內旋向前沖打，拳心向左，拳眼向上，與胸同高。目視右拳前方。

上體左轉、重心前移、左弓步與弧形收掌、右沖拳應協調同步。弓步時，後腳紮穩，後腿要隨屈就伸，不可站起。弓步要前腳實、後腳穩，後胯要鬆沉。右拳打出時，右肩要隨打拳略向前引送。

左弓步沖拳為呼氣。

【攻防含義】設對方出右手來犯，我以左掌攔化其肘，右拳衝擊彼胸、肋部。

（九）如封似閉

1. 弓步交叉掌

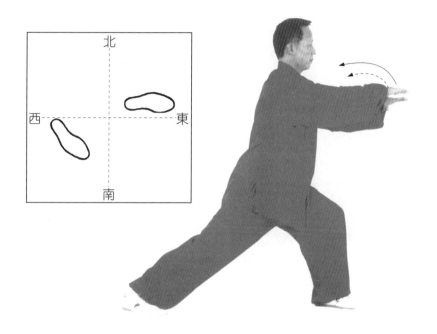

　　身體中正，周身放鬆，仍是左弓步。左掌微內旋，由右小臂下向前穿出至右腕下方，掌心向下，指尖斜向右前；右拳內旋變掌，手心向下，指尖斜向左前，兩腕交叉，兩掌伸向前。目視前方。

　　身體中正放鬆，左掌下前穿與右拳內旋變掌、兩腕交叉應協調自然。穿掌時，要鬆肩、伸臂，伸而不僵，直中有垂（肘）。注意勿前傾。

　　弓步交叉掌為吸氣。

　　【攻防含義】設我向對方沖右拳，被對方以左手攔住，我隨即以左手從右小臂下方向前穿以化解之。

楊式太極拳競賽套路分解教學40式

（九）如封似閉

2. 後坐旋收掌

重心後坐，右腿屈膝；左腿伸直，微屈膝，左腳落實、不蹺腳。兩掌同時外旋向內分托抽收，掌心斜向上，指尖斜向前，兩掌與肩同高同寬。目視前方。

右腿屈膝後坐、左腿伸直微屈膝與兩掌外旋內收應協調一致，同步到位。收掌時，重心由左腿逐漸移至右腿，身體中正，不可後仰。注意鬆肩垂肘、含胸拔背。

後坐旋收掌為呼氣。

【攻防含義】設對方用雙手進犯，我雙掌分托回收以化解之。

（九）如封似閉

3. 沉腕下按掌

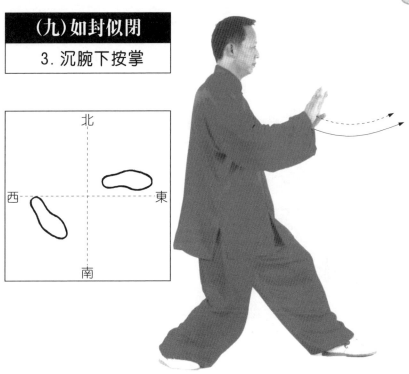

身體重心仍坐於右腿，左腳落實，不蹺腳。兩掌同時內旋，微微向內回收下落至腹前，掌心斜向前，指尖斜向上。目視前方。

坐實重心與兩掌同時內旋向內回收下落至腹前應協調同步。向內回收落掌時，腰、胯要鬆柔，腰以內動向右、向左微微旋轉，與兩掌內旋下按同時到位。

沉腕下按掌為調息。

【攻防含義】設對方用雙手攻擊，被我以雙掌收托化解；彼又轉手向我胸、腹部進攻，我便順勢旋掌下按以化解之。

（九）如封似閉

4. 弓步雙推掌

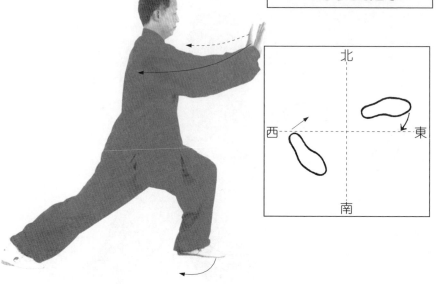

左腿屈膝，重心前移，成左弓步；右腳跟踏實，右腿伸直。兩掌同時向前上推按，兩掌心向前，指尖向上，腕同肩高。目視前方。

重心前移、左弓步與兩掌同時向前上推按應協調同步。弓步時，不可立起身體向前移，要後腳蹬地，後腿隨屈就伸，弓步到位。按掌時，要鬆肩垂肘，力發自腳跟，經過腰，形於手。

弓步雙推掌為呼氣。

【攻防含義】接上動，當對方出雙手進犯，被我以雙掌畫按落空時，我勁不斷，隨即將彼按推出去。

（十）斜 飛 勢
1. 右轉體擺掌

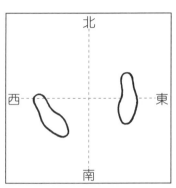

　　身體右轉，右腳跟內蹍，重心右後移；左腳尖翹起，內扣踏實，成橫襠步。兩掌同時隨轉體向右畫弧擺掌。右掌畫至右肩前，掌心向前，指尖斜向上，腕略高於肩；左掌畫至左肩前，掌心向前，指尖斜向上，腕略高於肩。目視前方。

　　重心後移、右轉體扣腳與畫弧擺掌應協調一致，同步到位。轉體扣腳時，右腿要屈膝沉胯；畫弧擺掌要以腰為軸，以身帶臂，以臂帶掌。注意不可歪胯、凸臀、前傾。

　　右轉體擺掌為吸氣。

　　【攻防含義】設對方從我右後方出手進犯，我順勢右轉體擺掌化解之。

（十）斜 飛 勢
2. 虛步舉落掌

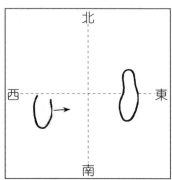

　　身體微右轉，重心左移；右腳跟離地，成右虛步。右掌弧形下落至體右前，掌心斜向左，指尖斜向下；左掌隨轉體畫至左上方，約與頭同高，掌心斜向左前，指尖斜向右上方。目視右前方。

　　身體微右轉、重心左移成右虛步與兩掌畫弧應協調同步。轉體移重心時，左腿屈膝坐胯，右腿微屈膝沉胯，上體不可歪斜。

　　虛步舉落掌為呼氣。

　　【攻防含義】設對方出招向我右腰側進擊，我重心左移以避之，同時右掌畫弧下落化解之。

（十）斜飛勢

3. 提腳左抱球

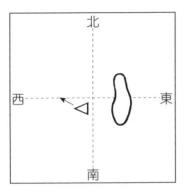

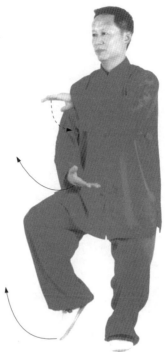

　　上體微左轉，重心全部移至左腿；右腳收至左腳內側而不落地，腳尖自然下垂。右掌外旋向左畫弧至左腹前，掌心向上，指尖向左；左掌微外旋下落至左胸前，掌心向下，指尖向右；兩掌心相對成抱球狀。目視前方。

　　微左轉體、移重心、收步與兩掌畫弧抱球應協調一致，同步到位。提右腳時，左腳要踏實，左腿重心要立穩。收右步時，身體要中正，不可歪斜和凸臀。抱球時，要腋下含空，沉肩垂肘。

　　提腳左抱球為調息。

　　【攻防含義】設對方出手進擊我胸、腹部，我順勢左轉體，畫弧抱球以化解之。

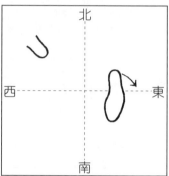

（十）斜 飛 勢
4. 上步斜抱球

身體微右轉，重心仍立穩於左腿；右腳向右前方上步，腳跟輕輕著地，右膝微屈；左腿屈膝，坐胯。右掌微內旋上抬，掌心斜向內，指尖向左；左掌微微下落，掌心斜向下，指尖斜向前，兩掌心斜相對。目視前方。

微右轉體、上右步與右掌微內旋上抬、左掌微下落應協調同步。上右步時，重心要立穩，要鬆腰開胯，不拿僵勁。

上步斜抱球為吸氣。

【攻防含義】設對方出左手來犯，我以左手黏其腕，右小臂挪托其臂，同時上右步套攔其左腿，控制對方使之無計可施。

（十）斜飛勢

5. 弓步斜分掌

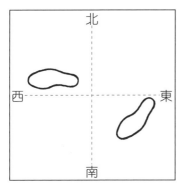

北

西 ---- 東

南

上體微微右轉，重心緩緩前移，右腳掌下落踏實，左腳跟外碾，成右弓步。右掌向右上方分舉，與頭同高，掌心斜向上，指尖斜向前；同時左掌向左下方落至左胯旁，掌心向下，指尖斜向前。目視右掌前方。

微右轉體、重心緩慢前移、右弓步與右上左下分掌應協調一致，同步到位。弓步時，右膝蓋不能超過腳尖，左腿伸直而不僵。右掌在向右上方分舉時，右肩要鬆沉相隨，有前靠之意識，要有氣勢。

弓步斜分掌為呼氣。

【攻防含義】接上動，當對方左臂已被我拿控，腿下已被套牢，我用腰腿勁發力、分靠以使彼倒地。

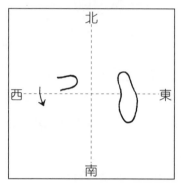

身體左轉，重心左移，右腳尖蹺起內扣。同時右臂內旋，轉掌心向左前，指尖向右前，旋舉至約與頭同高；左掌隨轉體向左畫弧至左胯側，掌心向下，指尖向前。目視前方。

身體左轉、重心左移、右腳內扣與兩掌旋轉畫弧應協調同步。轉體扣腳時，左腿屈膝、坐胯，右膝微屈、沉胯。要以腰為軸，身帶臂、臂帶掌，不可凸臀前傾。

左轉旋舉掌為吸氣。

【攻防含義】設對方出手向我胸、頭部進擊，我重心後移、左轉體，以右掌旋畫化解之。

（十一）肘 底 捶
2. 提左腳抱球

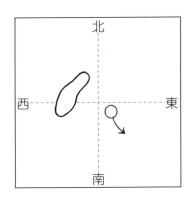

　　右腳踏實，微右轉體，重心全部移至右腿；左腳收至右腳內側而不落地，腳尖自然下垂。右掌內旋，掌心向下，指尖向左前，與胸同高；左掌外旋，向右畫弧抄至右腹前，掌心向上，指尖向右，兩掌上下相對如抱球狀。目視右掌前方。

　　微右轉體、重心移至右腿、提左腳與兩掌旋轉畫弧抱球應協調一致，同步到位。提腳時，右腳立穩，右膝屈蹲，同時坐胯；左腳不要提得過高，身體中正，腋下含空。

　　提左腳抱球為呼氣。

　　【攻防含義】設對方出右手來犯，我以右掌黏搭其腕，左手從下方抄攔其臂，使來招落空。

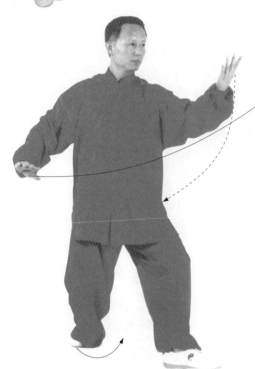

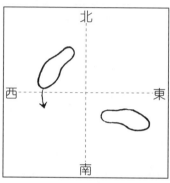

（十一）肘底捶

3. 上左步分掌

　　重心仍立穩於右腿，身體微左轉；左腳向左前上步，腳尖外擺踏實。左掌向左前分舉，掌心斜向上，指尖斜向右前，約與肩同高；右掌向右下方分落至右胯旁，掌心向下，指尖向前。目視左掌前方。

　　重心立穩於右腿，身體微左轉、上左步與兩掌畫分應協調同步。上左步時，右腿重心要立穩，不可向前移動身體，這樣才能保持上步輕靈、沉穩和周身舒鬆。

　　上左步分掌為吸氣。

　　【攻防含義】設對方從我左前方出手進擊，我左轉體、上左步，同時以分舉掌化解之。

（十一）肘底捶
4. 跟步前伸掌

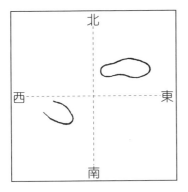

身體左轉，重心前移至左腿；右腳隨轉體向右前跟進半步至左腳內側後方，腳前掌著地。右掌弧形畫至右前方，掌心向前，指尖向上，與面部同高；左掌內旋弧形畫至體左側，掌心向下，指尖斜向前。目視前方。

左轉體、重心前移至左腿、跟右步與兩掌畫弧應協調一致，同步到位。跟右步時，左腿重心要立穩，右腳柔和、緩慢跟進。兩掌畫弧時要以腰為軸，以身帶臂，以臂帶掌，一氣貫通。

跟步前伸掌為呼氣。

【攻防含義】設對方出手進犯，我以左掌化解其手，右掌發力擊彼頭面部。

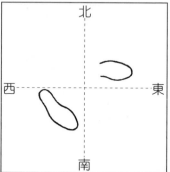

（十一）肘 底 捶

5. 後坐伸探掌

　　右腳跟落地踏實，重心移至右腿；左腳跟離地，成左虛步。右掌微下落，掌心斜向前，指尖斜向上，腕與胸同高；左掌向後、向內外旋畫至左腰側，掌心向上，指尖向前。目視前方。

　　重心移至右腿、左腳跟離地成虛步與右掌微下落、左掌畫弧應協調同步。重心後移時，右腿要屈膝、坐胯，上體中正，沉肩垂肘。右掌由面前下落至與胸同高時，應保持含虛、輕靈。

　　後坐伸探掌為吸氣。

　　【攻防含義】設對方出手來犯，我以右掌垂肘下落化解之。

（十一）肘底捶

6.虛步肘底捶

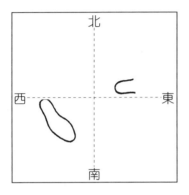

上體微右轉，重心坐實於右腿。左腳由前掌著地轉為
腳跟著地，仍為左虛步。右掌下落並握拳，沿左小臂外側
收至左腹前，拳心向內，拳眼向上；左掌由腰間經右腕上
方內旋向前上方穿出，掌心向右，指尖斜向上，腕約與肩
同高。目視左掌前方。

上體微右轉、重心坐實於右腿、左腳掌著地轉為腳跟
著地與右掌下落變拳、左掌內旋穿出應協調一致，同步到
位。定式時，右拳收至左肘內側下方。注意鬆肩垂肘，左
肩微側向前。

虛步肘底捶為呼氣。

【攻防含義】設對方出手進擊我胸、腹部，我以右手
下落化解之，並迅速以左掌同時穿出擊打彼胸、面部或托
打彼下巴等部位，右拳則蓄勢待發。

（十二）倒捲肱
1. 轉體伸收掌

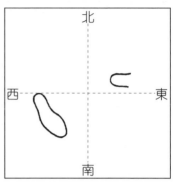

　　身體右轉，重心仍落於右腿；左腳跟著地，腳前掌翹起。右拳變掌抽收至右腹前，掌心斜向上，指尖向左前；左掌微微內旋，向左前伸推，掌心向左前，指尖斜向上。目視右前方。

　　身體右轉、重心立穩於右腿與右拳變掌抽收、左掌微微內旋前推應協調同步。轉體抽收掌時，右腿屈膝、坐胯，左腿鬆屈，身體中正，舒適自然，不僵勁。

　　轉體抽收掌為吸氣。

　　【攻防含義】設對方出左腿向我右腰、腹部攻擊，我右轉身以右掌畫撥化解之。

楊式太極拳競賽套路分解教學40式

（十二）倒捲肱

2. 提腳雙舉掌

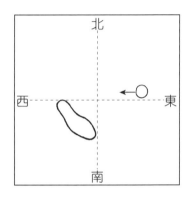

　　重心全部立穩於右腿，上體微微右轉；左腳離地懸於左前方。右掌向右、向上畫弧托舉至右後方，掌心斜向上，指尖向右後；左掌外旋托舉至左前方，掌心斜向上，指尖向左前，兩腕高與肩平。目視右前方。

　　微右轉體、重心立穩於右腿、左腳離地與兩手畫弧托舉應協調同步。托舉兩掌時，重心要立穩，左腳原位離地不回收；兩臂展開時要含胸拔背，鬆肩垂肘，右腿屈膝、坐胯。

　　提腳雙舉掌為調息。

　　【攻防含義】設對方兩人從左、右方同時出手，我以雙掌同時托舉化解之。

（十二）倒捲肱

3. 撤步伸舉掌

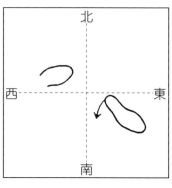

北

西　　　　　　　　　東

南

　　身體左轉，重心仍立穩於右腿；左腳向左後撤步，腳前掌著地。右掌屈肘收至耳旁，掌心向前，指尖向上；左掌向前伸舉，掌心向上，指尖向前。目視左掌前方。

　　身體左轉、立穩重心於右腿、左腳後撤步與兩掌屈收、伸舉應協調一致，同步到位。撤步時，右腳要立穩，右腿屈膝、坐胯；左腳落地要輕，左腿伸開撤步。

　　撤步伸舉掌為呼氣。

　　【攻防含義】設對方出手進擊我頭右側，我順勢左轉體，以右掌化解之。

（十二）倒 捲 肱

4. 後坐抽推掌

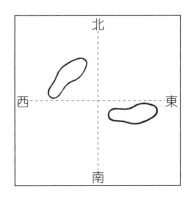

身體微左轉，左腳跟踏實，重心左後移；右腳跟微離地，外碾踏實，成半馬步。右掌前推至體前，腕同胸高，掌心向前，指尖向上；左掌回抽至左腹前，掌心向上，指尖向右前。目視右掌前方。

微左轉體、左腳踏實、右腳跟外碾踏實成半馬步與左掌回抽、右掌前推應協調同步。定式時，重心偏後，兩腿屈膝、坐胯，上體中正。注意右掌前推、左掌回抽和重心左後移時，勁力要順達協調。

後坐抽推掌為調息。

【攻防含義】設對方出右手進擊我胸、腹部，我左手拿其腕，向左後抽帶，右掌同時推擊彼胸部。

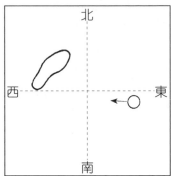

（十二）倒捲肱
5. 提腳雙托掌

重心全部立於左腿，上體微左轉；右腳離地懸於右前方。左掌向左、向上畫弧托舉至左後方，掌心斜向上，指尖向左後；右掌外旋托舉至右前方，掌心斜向上，指尖向右前，兩腕高與肩平。目視左掌前方。

微左轉體、重心立穩於左腿、右腳離地與兩掌畫弧托舉應協調同步。托舉兩掌時，重心要立穩，右腳原位離地不回收。兩臂展開時，要含胸拔背，鬆肩垂肘，左腿屈膝、坐胯。

提腳雙托掌為調息。

【攻防含義】設對方兩人從左、右方同時出手，我以雙掌同時托舉化解之。

楊式太極拳競賽套路分解教學40式

(十二)倒捲肱

6. 撤步伸舉掌

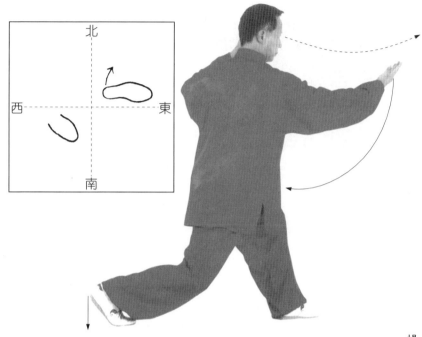

身體右轉，重心仍立穩於左腿；右腳向右後撤步，腳前掌著地。左掌屈肘收至耳旁，掌心向前，指尖向上；右掌向前伸舉，掌心向上，指尖向前。目視右掌前方。

身體右轉、左腿立穩重心、右腳後撤步與兩掌屈收、伸舉應協調一致，同步到位。撤步時，左腳要穩，左腿屈膝、坐胯；右腳落地要輕，左腿伸開撤步。

撤步伸舉掌為呼氣。

【攻防含義】與「3.撤步伸舉掌」同，唯左右相反。

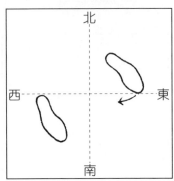

(十二)倒捲肱

7. 後坐抽推掌

北

西 東

南

身體右轉，右腳踏實，重心向右後移；左腳跟微離地，外蹍踏實，成半馬步。左掌前推至體前，腕同胸高，掌心向前，指尖向上；右掌抽收至右腹前，掌心向上，指尖向左前。目視左掌前方。

右轉體、右腳踏實、左腳跟外蹍踏實成半馬步與右掌抽收、左掌前推應協調同步。定式時，重心偏後，兩腿屈膝、坐胯，上體中正。注意左掌前推、右掌抽收和重心右後移時，勁力要順達協調。

後坐抽推掌為調息。

【攻防含義】與「4. 後坐抽推掌」同，唯左右相反。

(十三)左右穿梭
1. 轉體挑落掌

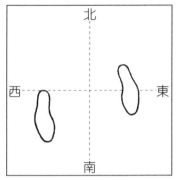

　　身體右轉，重心右移；左腳尖翹起內扣踏實，成橫襠側弓步。左掌下落至左胯旁，掌心斜向內，指尖斜向下；右掌隨轉體挑至面前，高約與頭平，掌心向內，指尖斜向左上方。目視右掌前方。

　　身體右轉、重心右移、左腳內扣與左掌下落和右掌上挑應協調一致，同步到位。轉體時，右腿屈膝、坐胯，左腿伸直而微屈膝。注意上體中正，不可前傾。

　　轉體挑落掌為吸氣。

　　【攻防含義】設對方從我右側出手來犯，我右轉體，以右掌上挑、左掌下落化解之。

（十三）左右穿梭
2. 提腳舉托掌

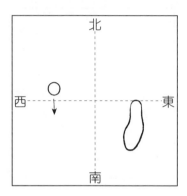

身體右轉，重心移至左腿立穩，右腳隨之提起。左掌向右畫弧托至右腹前，掌心向上，指尖向右；右掌內旋伸舉至體前，掌心向下，指尖向前，略高於肩。目視前方。

身體右轉、重心移至左腿、右腳提起與兩掌畫弧舉托應協調一致，同步到位。提右腳時，左腳要踏實立穩，左腿要屈膝坐胯。上體要舒鬆，注意含胸拔背，沉肩垂肘。

提腳舉托掌為呼氣。

【攻防含義】設對方出手擊向我面部，我以右掌化解之；對方同時出腿來犯，我以左掌上托化解之。

楊式太極拳競賽套路分解教學40式

（十三）左右穿梭
3. 右蓋步抱球

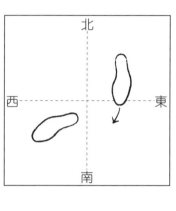

身體微右轉，右腳尖外擺，向左腳前蓋落步，重心偏落於左腿。左掌微微向左前移伸，掌心向上，指尖向右；右掌微微向右後收落，掌心向下，指尖向左前，腕同肩高，兩掌心相對。目視兩掌前方。

身體微右轉、右腳蓋落步與兩掌畫弧斜相對應協調同步。上右蓋步時，左腿屈膝立穩重心，蓋步落地要輕靈；保持鬆肩垂肘，腋下含空。

右蓋步抱球為吸氣。

【攻防含義】設對方出右手來犯，我以左掌托其臂，以右掌封攔其變，使彼招落空。

4. 上步斜對掌

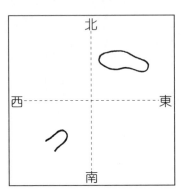

身體微微右轉，重心前移至右腿；左腳向左前上步，腳跟著地。左掌隨著上左步向前微微掤托至腹前，掌心斜向右，指尖向右；右掌同時向右微微回落至胸前，掌心斜向前，指尖向左前，兩掌心斜相對。目視前方。

身體微微右轉、重心移至右腿、上左步與兩掌微微運動應協調一致，同步到位。上步時，右腳踏實，右腿屈膝，重心隨前移立穩於右腿；左腳要緩緩上步，腳跟著地要輕。保持身體舒鬆、中正。

上步斜對掌為調息。

【攻防含義】設對方伸出右手來犯，我右手搭其腕、左手掤其臂，同時上左步套攔其右腿，彼招自解。

(十三)左右穿梭
5. 弓步架推掌

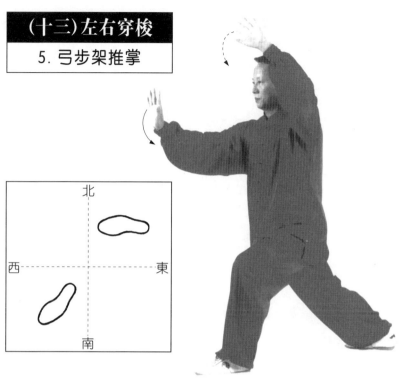

北

西 ---- 東

南

　　上體左轉，左腳掌落地踏實，重心前移，成左弓步。左掌內旋，向上架至左前額上方，掌心斜向上，指尖斜向右；右掌同時前推，掌心向前，指尖向上，腕同肩高，指尖約與鼻尖平。目視右掌前方。

　　上體左轉、重心前移成左弓步與兩掌架推應協調一致，同步到位。弓步時，要前腿屈、後腿直，前腳穩、後腳蹬，後胯要鬆沉，身體自然中正。推架掌時，注意鬆肩垂肘，右肩隨推掌向前微送。

　　弓步架推掌為呼氣。

　　【攻防含義】設對方出右手來犯，我以左臂掤架其臂，同時上步以右掌擊推彼胸、肋部使彼跌倒。

133

上體微右轉，重心微向右移。左掌微外旋下落至頭左前，掌心斜向左前，指尖斜向右上方；右掌隨轉體微內旋向右前下方畫弧至右腰前側，掌心斜向外，指尖向前。目視前方。

上體微右轉、重心微右移與兩掌隨身畫弧應協調同步。轉體畫弧時，右腿要屈膝、坐胯；左腳踏實，左腿要伸而有屈。兩掌畫弧要隨身而動。不可低頭彎腰。

微右轉畫弧為吸氣。

【攻防含義】設對方出招向我右腰側進擊，我順勢右轉體畫弧化解之。

（十三）左右穿梭
7. 提右腳抱球

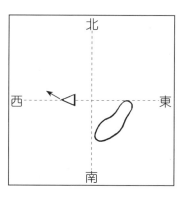

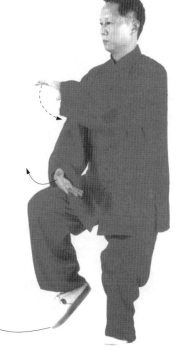

身體微左轉，重心移至左腿；右腳收至左腳內側而不
落地，腳尖自然下垂。左掌外旋下落至左胸前，掌心向
下，指尖向右；右掌外旋向左抄畫至左腹前，掌心向上，
指尖向左，與左掌手心相對如抱球狀。目視左掌前方。

身體微左轉、重心移至左腿、收提右腳與兩掌畫弧抱
球應協調一致，同步到位。提右腳時，左腿要屈膝、坐
胯，身體不可站立。右腳不要提得過高，離地即可。保持
鬆肩垂肘，腋下含空。

提右腳抱球為呼氣。

【攻防含義】與（十一）肘底捶「2. 提左腳抱球」
同，唯左右相反。

楊式太極拳競賽套路分解教學40式

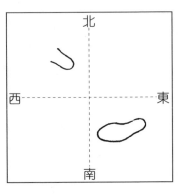

（十三）左右穿梭

8. 上步斜對掌

北

西 ───── 東

南

身體微右轉，重心移至左腿；右腳向右前上步，腳跟著地。右掌隨著上右步向前微微掤托至體前，約與胸、腹同高，掌心斜向左，指尖向左；左掌同時向左微微回落至胸前，掌心斜向前，指尖向右前，兩掌心斜相對。目視前方。

身體微右轉、重心移至左腿、上右步與右掌微掤、左掌微落應協調一致，同步到位。上步時，左腳踏實，左腿屈膝，隨前移立穩重心；右腳要緩緩上步，腳跟著地要輕。保持身體舒鬆、中正。

上步斜對掌為調息。

【攻防含義】與「4.上步斜對掌」同，唯左右相反。

（十三）左右穿梭
9. 弓步架推掌

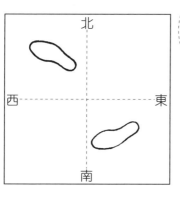

北

西　　　　　東

南

　　上體右轉，右腳掌落地踏實，重心前移，成右弓步。右掌內旋向上架至右前額上方，掌心斜向上，指尖斜向左；左掌同時前推，掌心向前，指尖向上，腕同肩高，指尖約與鼻尖平。目視左掌前方。

　　上體右轉、重心前移成右弓步與兩掌架推應協調一致，同步到位。弓步時，要前腿屈、後腿直，前腳穩、後腳蹬；後胯要鬆沉，身體自然中正。架推掌時，注意鬆肩垂肘，左肩隨著推掌向前微送。

　　弓步架推掌為呼氣。

　　【攻防含義】與「5. 弓步架推掌」同，唯左右相反。

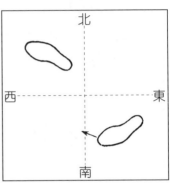

（十四）左右野馬分鬃

1. 微左轉畫弧

　　上體微左轉，重心微向左移。右掌微外旋下落至頭右前，掌心斜向右前，指尖斜向左上方；左掌隨轉體微內旋向左前下方畫弧至左腰前側，掌心斜向外，指尖向前。目視前方。

　　上體微左轉、重心微向左移與兩掌隨身畫弧應協調同步。轉體畫弧時，左腿要屈膝坐胯，右腿要伸而有屈。兩掌畫弧要隨身而動。不可低頭彎腰。

　　微左轉畫弧為吸氣。

　　【攻防含義】與（十三）左右穿梭「6. 微右轉畫弧」同，唯左右相反。

（十四）左右野馬分鬃
2. 提左腳抱球

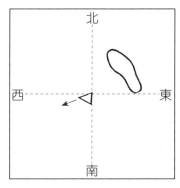

　　身體右轉，重心移至右腿；左腳收至右腳內側而不落地，腳尖自然下垂。右掌外旋下落至右胸前，掌心向下，指尖向左；左掌外旋向右抄畫至右腹前，掌心向上，指尖向右，與右掌掌心相對如抱球狀。目視右掌前方。

　　身體右轉、重心移至右腿、收提左腳與兩掌畫弧抱球應協調一致，同步到位。提左腳時，右腿要屈膝、坐胯，身體不可站立；左腳不要提得過高，離地即可。保持鬆肩垂肘，腋下含空。

　　提左腳抱球為呼氣。

　　【攻防含義】與（十三）左右穿梭「7.提右腳抱球」同，唯左右相反。

（十四）左右野馬分鬃

3. 上步斜對掌

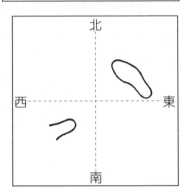

北

西 — — — — 東

南

　　微左轉體，重心仍落至右腿；左腳向左前上步，腳跟著地。左掌隨著上左步，向前微微掤托至體前，約與胸、腹同高，掌心斜向右，指尖向右前；右掌同時向右微微回落至胸前，掌心斜向前，指尖向左前，兩掌心斜相對。目視前方。

　　微左轉體、重心仍在右腿、上左步與左掌微掤、右掌微回落應協調一致，同步到位。上步時，右腳踏實，右腿屈膝，立穩重心；左腳緩緩上步，腳跟著地要輕。保持身體舒鬆、中正。

　　上步斜對掌為調息。

　　【攻防含義】與（十三）左右穿梭「4.上步斜對掌」同。

楊式太極拳競賽套路分解教學40式

140

(十四)左右野馬分鬃

4. 左弓步分掌

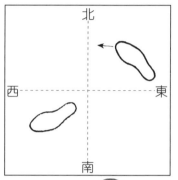

　　身體微左轉，左腳前掌著地踏實，重心前移，成左弓步。左掌向前、向左、向上畫弧至左前方，腕同肩高，掌心斜向裏，指尖斜向右前上；右掌向右、向下畫至右胯旁，掌心向下，指尖斜向前。目視左掌前方。

　　微左轉體、重心前移、左弓步與兩掌畫弧分掌應協調一致，同步到位。弓步時，左腿屈、右腿直，左胯坐、右胯沉。左掌畫弧到位時，肘、膝上下要相對，左小臂和掌要微斜向右前方，右臂直而有弧度。

　　左弓步分掌為呼氣。

　　【攻防含義】設對方出右手來犯，我上左步套攔其右腿，以右掌黏其腕，左掌順其臂下方配合弓步向斜上方分挑以化解之。

5. 提右腳抱球

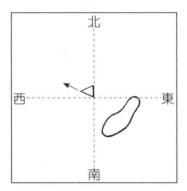

　　身體左轉，重心移至左腿；右腳收至左腳內側而不落地，腳尖自然下垂。左掌內旋回收至左胸前，掌心向下，指尖向右；右掌外旋畫弧抄至左腹前，掌心向上，指尖向左，與左掌掌心相對如抱球狀。目視左掌前方。

　　身體左轉、重心移至左腿、收提右腳與兩掌畫弧抱球應協調一致，同步到位。提右腳時，左腿要屈膝、坐胯，身體不可站立；右腳不要提得過高，離地即可。保持鬆肩垂肘，腋下含空。

　　提右腳抱球為調息。

　　【攻防含義】與「2. 提左腳抱球」同，唯左右相反。

(十四)左右野馬分鬃
6. 上步斜對掌

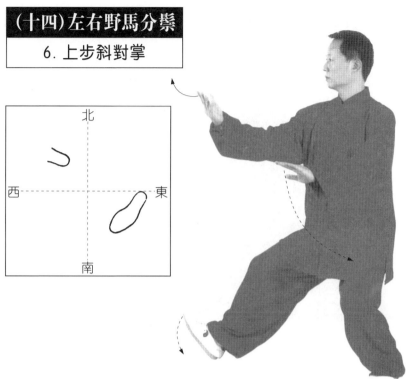

　　微右轉體，重心仍落至左腿；右腳向右前上步，腳跟著地。右掌隨上右步向前微微掤托至體前，約與胸同高，掌心斜向左，指尖向左前；左掌同時向左微微回落至胸前，掌心斜向前，指尖斜向右前，兩掌心斜相對。目視前方。

　　微右轉體、重心仍在左腿、上右步與右掌微掤、左掌微回落應協調一致，同步到位。上步時，左腳踏實，左腿屈膝，立穩重心；右腳緩緩上步，腳跟著地要輕。保持身體舒鬆、中正。

　　上步斜對掌為調息。

　　【攻防含義】與「3. 上步斜對掌」同，唯左右相反。

（十四）左右野馬分鬃

7. 右弓步分掌

　　身體微右轉，右腳前掌著地踏實，重心前移，成右弓步。右掌向前、向右、向上畫弧至右前方，腕同肩高，掌心斜向裏，指尖斜向左上；左掌向左、向下畫弧至左胯旁，掌心向下，指尖斜向前。目視右掌前方。

　　微右轉體、重心前移成右弓步與兩掌畫弧分掌應協調一致，同步到位。弓步時，右腿屈、左腿直，右胯坐、左胯沉。右掌畫弧到位時，肘、膝上下要相對，右小臂和掌要微斜向左前方，左臂要直而有弧度。

　　右弓步分掌為呼氣。

　　【攻防含義】攻防含義與「4. 左弓步分掌」同，唯左右相反。

(十五)雲 手
1. 轉體伸挑掌

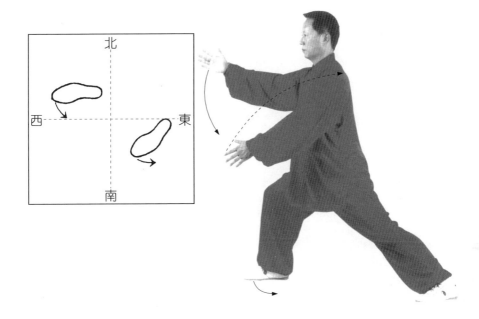

上體微右轉，重心在右腿，仍為右弓步。左掌微外旋向右前畫弧挑伸至體前，與腹同高，掌心向右，指尖向前；右掌微內旋伸舉至右前上方，與頭同高，掌心斜向前，指尖斜向上。目視兩掌前方。

上體微右轉、右弓步與兩掌畫弧動作應協調同步。左掌向右前畫弧伸挑時，兩胯要鬆沉，並以腰領臂運畫。注意周身不可僵勁。

轉體伸挑掌為吸氣。

【攻防含義】設對方從我左前出腿進擊，我順勢轉體，以左掌挑托以化解之。

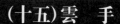

（十五）雲　手

2. 轉體挑落掌

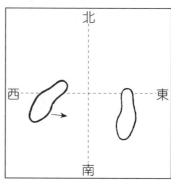

　　身體左轉，左腳外擺，重心移至左腿；右腳隨之內扣踏實，成橫襠側弓步。左掌向上、向左畫弧挑至頭左前，掌心向內，指尖斜向右上；右掌微內旋向下畫弧落至右胯側，掌心向下，指尖向右前。目視右前方。

　　左轉體、重心移至左腿、右腳內扣成橫襠側弓步與兩掌畫弧應協調同步。左轉體時，隨著移重心左腿屈膝、坐胯，右腿伸直，右胯鬆沉。注意不凸臀、不前傾。

　　轉體挑落掌為呼氣。

　　【攻防含義】設對方出手向我胸、頭部進擊，我以左掌挑畫化解之。

（十五）雲　手
3. 收步轉伸掌

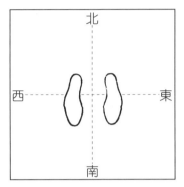

　　上體繼續左轉，右腳收至左腳內側落地，兩腳平行向前，相距 20 公分左右。右掌經下腹前畫弧至左肋前，掌心斜向裏，指尖向左；左掌內旋翻轉至左側方，腕與肩同高，掌心向外，指尖斜向上。目視左前方。

　　上體左轉、收右步與兩掌畫弧應協調一致，同步到位。右腳收步後，重心分落至兩腿，膝微屈不可站起，不可前傾、凸臀。周身舒鬆輕靈，腋下含空。

　　收步轉伸掌為吸氣。

　　【攻防含義】設對方出手向我胸肋部進擊，我右掌向下畫挑以化解之。

楊式太極拳競賽套路分解教學 40 式

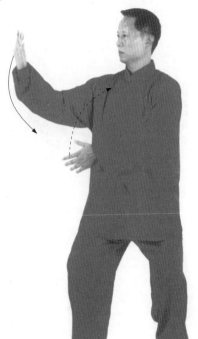

（十五）雲　手

4. 轉體雲挑掌

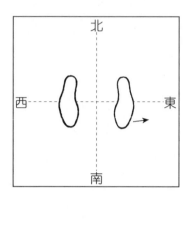

　　重心右移，上體右轉。右掌由左肘內側向上經面前畫弧至右前方，腕與肩同高，掌心向裏，指尖斜向上；左掌隨轉體向下、向右畫弧至右肋旁，掌心向裏，指尖斜向下。目視右掌前方。

　　重心右移、上體右轉與兩掌畫弧應協調同步。雲手時，右掌經過面前，指尖約與眉眼同高；左掌下落畫弧要經下腹部。同時要注意眼神隨右掌轉移。

　　轉體雲挑掌為呼氣。

　　【攻防含義】設對方出招向我胸、腹部進擊，我用雲手招法上下畫弧以化解之。

（十五）雲　手

5. 開步轉伸掌

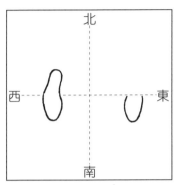

　　上體微右轉，重心移至右腿立穩；左腳向左側開步，腳前掌著地。右掌內旋翻落至體右前，掌心向下，指尖向右前；左掌向右上畫弧托至右肩前，掌心向裏，指尖斜向右上方。目視兩掌前方。

　　微右轉體、左腳開步與兩掌畫弧應協調同步。開左步時，重心要立穩於右腿，右腿要屈膝、沉胯；左腿伸直開步，左腳前掌落地要輕。保持周身舒鬆自然。

　　開步轉伸掌為吸氣。

　　【攻防含義】設對方出雙手來犯，我以左掌挑托其右手，右掌按壓其左手以化解之。

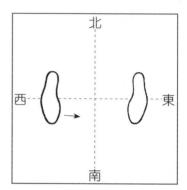

(十五)雲 手

6. 轉體雲挑掌

左腳踏實，重心左移，上體左轉。左掌心向內自右向上、向左經面前畫弧雲至左前方，掌心向裏，指尖斜向上，與眼同高；右掌向下、向左畫弧雲至右腹前，掌心向左，指尖斜向下。目視左掌前方。

重心左移、左轉體與兩手雲掌畫弧應協調同步。移重心時，左腿屈弓，右膝微屈而伸，坐胯收臀。兩掌上下雲畫要協調自然。注意沉肩垂肘，腋下含空。

轉體雲挑掌為呼氣。

【攻防含義】與「4. 轉體雲挑掌」同，唯左右相反。

（十五）雲 手

7. 收步轉伸掌

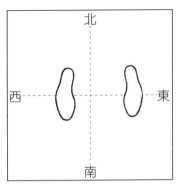

北

西 ─────── 東

南

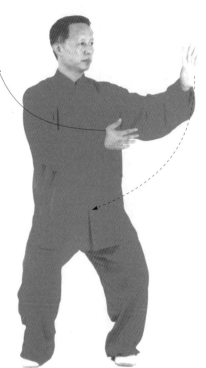

上體繼續左轉，右腳收至左腳內側踏實，兩腳平行向前，相距約 20 公分。左掌內旋翻轉伸至左前方，掌心向外，指尖向上，腕約與肩同高；右掌向左雲畫至左肋前，掌心向裏，指尖向左。目視左掌前方。

繼續左轉體、右腳收至左腳內側與兩掌畫弧翻伸應協調一致，同步到位。收右步時，右腳跟應先離地；落步時，腳尖先落地，繼而全腳落穩，重心落於兩腿之間，兩腿屈膝。

收步轉伸掌為吸氣。

【攻防含義】與「3. 收步轉伸掌」同。

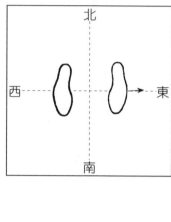

（十五）雲　手

8. 轉體雲挑掌

重心右移，上體右轉。右掌由左肘內側向上經面前畫弧至右前方，腕約與肩同高，掌心向裏，指尖斜向上；左掌隨轉體向下、向右畫弧至右肋旁，掌心向裏，指尖斜向下。目視右掌前方。

重心右移、上體右轉與兩掌畫弧應協調同步。雲掌時，右掌經過面前，指尖約與眉眼同高；左掌下落畫弧要經下腹部。同時要注意眼神隨右掌。

轉體雲挑掌為呼氣。

【攻防含義】與「4.轉體雲挑掌」同。

楊式太極拳競賽套路分解教學40式

（十五）雲　手
9. 開步轉伸掌

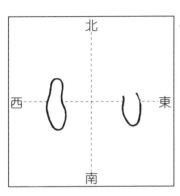

北

西　　　　　東

南

　　上體微右轉，重心移至右腿立穩；左腳向左側開步，
腳前掌著地。右掌內旋翻落至體右前，掌心向下，指尖向
右前；左掌向右上畫弧托至右肩前，掌心向裏，指尖向右
上。目視兩掌前方。

　　微右轉體、左腳開步與兩掌畫弧應協調同步。開左步
時，重心要立穩於右腿，右腿要屈膝、沉胯；左腿伸直開
步時，左腳前掌落地要輕。保持周身舒鬆自然。

　　開步轉伸掌為吸氣。

　　【攻防含義】與「5. 開步轉伸掌」同。

楊式太極拳競賽套路分解教學40式

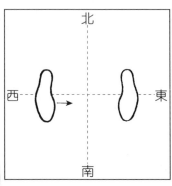

　　左腳踏實，重心左移，上體左轉。左掌心向內自右向上、向左經面前畫弧雲至左前方，掌心向裏，指尖斜向上，約與眼同高；右掌向下、向左畫弧至右腹前，掌心向左，指尖向下。目視左掌前方。

　　左腳踏實、重心左移、上體左轉與兩掌畫弧應協調同步。移重心時，左腿屈弓，右膝微屈，坐胯、收臀。兩掌上下雲畫要協調自然。注意沉肩垂肘，腋下含空。

　　轉體雲挑掌為呼氣。

　　【攻防含義】與「6. 轉體雲挑掌」同。

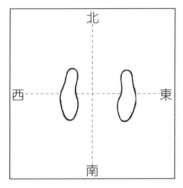

(十五)雲 手
11. 收步轉伸掌

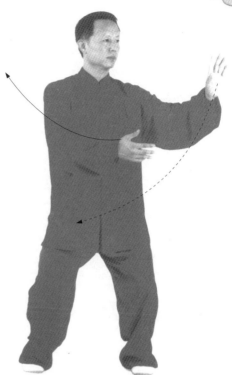

上體繼續左轉，右腳收至左腳內側落地，兩腳平行站立，向前，相距約 20 公分。左掌內旋翻轉伸至左前方，掌心向外，指尖向上，腕約與肩同高；右掌向左雲畫至左肋前，掌心向裏，指尖向左。目視左掌前方。

繼續左轉體、右腳收至左腳內側與兩掌畫弧轉伸應協調一致，同步到位。收右步時，右腳應先離地；落步時，腳尖先落地，繼而全腳落地，重心落於兩腿，雙腿屈膝。

收步轉伸掌為吸氣。

【攻防含義】與「3. 收步轉伸掌」同。

1. 轉體雲挑掌

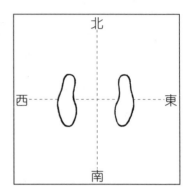

北

西　　　　　　東

南

　　重心右移，上體右轉。右掌由左肘內側向上經面前畫弧至右前方，腕約與肩同高，掌心向裏，指尖斜向上；左掌隨轉體向下、向右畫弧至右肋旁，掌心向裏，指尖斜向下。目視右掌前方。

　　重心右移、上體右轉與兩掌畫弧應協調同步。雲掌時，右掌經過面前，指尖約與眉眼同高；左掌下落畫弧要經下腹部。同時要注意眼神隨右掌。

　　轉體雲挑掌為呼氣。

　　【攻防含義】與（十五）雲手「4.轉體雲挑掌」同。

（十六）單　鞭

2. 提左腳勾手

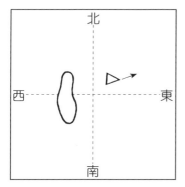

北

西 ---- 東

南

　　重心全部移至右腿；左腳收至右腳內側，不落地，腳
尖自然下垂。右掌內旋變勾手伸舉至右斜前方，腕微高於
肩；左掌經右肘內側向上、向左挑至面前，掌心向內，指
尖向右上，與眉眼同高。目視前方。

　　重心右移、左腳收至右腳內側而不落地與右掌變勾
手、左掌畫弧提挑應協調一致，同步到位。勾手時，五指
第一節捏攏，向下垂勾，腕部向上凸起。提腳時，要注意
立穩重心，身體中正。

　　提左腳勾手為吸氣。

　　【攻防含義】與（三）單鞭「提左腳勾手」同。

楊式太極拳競賽套路分解教學40式

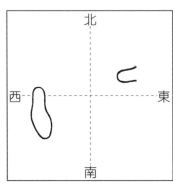

上體微左轉，左腳向左前上步，腳跟著地。左掌向左前伸挑，掌心向內，指尖斜向上，約與眉眼同高；右勾手隨身而動，吊於身體右側方，腕略高於肩，勾尖向下。目視左掌前方。

左轉體、向左前上步與勾手、伸挑掌應協調同步。上步時，重心要立穩於右腳，左腳上步保持輕靈。同時要注意身體中正，不可凸臀、前傾。

上左步挑掌為調息。

【攻防含義】與（三）單鞭「上左步挑掌」同。

（十六）單　鞭

4. 左弓步推掌

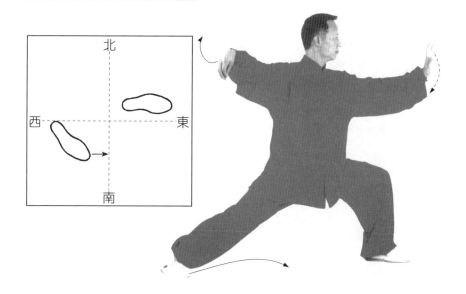

上體微左轉，左腳掌落地，左腿屈膝前弓；右腿伸直，成左弓步。左掌向左前推出，掌心斜向前，指尖向上，約與鼻尖同高；右勾手同時微向右後擺吊，腕略高於肩。目視左掌前方。

上體微左轉、重心前移成左弓步與左掌前推、右勾手向右後擺吊應協調一致，同步到位。弓步時，左腿要屈膝、坐胯，右腿要直而微屈膝、沉胯。保持鬆肩垂肘。

左弓步推掌為呼氣。

【攻防含義】與（三）單鞭「左弓步推掌」同。

（十七）高探馬
1. 跟步雙托掌

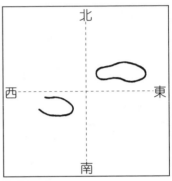

北

西　　　　　　東

南

　　重心全部移至左腿；右腳向前跟進半步，落於左腳內側後方，腳前掌著地。左掌外旋，掌心向上，指尖向左前；右勾手變掌，外旋伸托至右後方，掌心斜向上，指尖向右前，兩腕約與肩同高。目視左掌前方。

　　重心左前移、右腳跟進半步與兩掌旋轉伸托應協調一致，同步到位。跟右步時，左腿屈膝支撐重心要立穩，不可直腿站立；同時右腳跟步要輕靈。注意鬆肩垂肘。

　　跟步雙托掌為吸氣。

　　【攻防含義】設對方伸手來犯，我隨以左掌上托化解之，同時舉右掌待發。

（十七）高探馬
2. 虛步伸舉掌

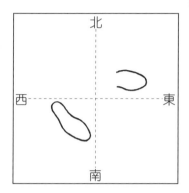

　　右腳跟踏實，重心向右後移；左腳跟隨之離地，腳前掌著地，成左虛步。右掌屈肘收至耳旁，掌心向前，指尖向上；左掌隨重心後移，微回抽上托，掌心仍向上，指尖仍向前。目視左掌前方。

　　重心後移、左腳跟離地成左虛步與兩掌伸舉應協調一致，同步到位。重心後移時，右腿屈膝、坐胯，左腿屈膝、鬆胯。身體要自然中正。

　　虛步伸舉掌為呼氣。

　　【攻防含義】設對方出手進擊我頭右側，我重心後移，舉右掌前畫以化解之，同時左掌伸托以防敵。

（十七）高 探 馬

3. 左虛步探掌

北

西 ——————— 東

南

　　重心坐實於右腿，左腳虛步，隨重心向後沉坐而稍作調整。右掌微內旋向前探伸至胸前，掌心斜向下，指尖向左；左掌向回抽收至腹前，掌心向上，指尖斜向右前。目視右掌前方。

　　重心後坐、調整左虛步與右掌向前探伸、左掌回抽應協調一致，同步到位。探伸右掌時，右肩應隨之向前引送。要注意鬆肩垂肘，含胸拔背，右臂呈弧形。

　　左虛步探掌為調息。

　　【攻防含義】設對方出右手來抓拿我左手腕，我順勢重心後坐，同時左掌回抽，右掌擊打彼胸膛。

楊式太極拳競賽套路分解教學40式

（十八）右 蹬 腳

1. 右畫弧伸掌

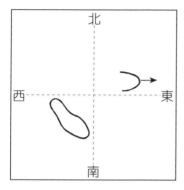

重心仍落於右腿，上體微右轉。右掌向右平抹畫弧至右前，掌心向下，指尖向左前，與胸同高；左掌隨轉體向左前伸托，掌心向上，指尖向左前，與胸同高。目視兩掌前方。

重心立穩於右腿、上體微右轉與兩掌畫弧運抹應協調同步。抹掌時，腿下要穩，腰胯要鬆柔，以腰帶臂，以臂帶掌，周身協調、含虛。

右畫弧伸掌為吸氣。

【攻防含義】設對方以右手拿住我右手腕，我順勢右帶，並以左掌托拿其肘，兩掌合力捋傷其右臂。

楊式太極拳競賽套路分解教學40式

（十八）右 蹬 腳

2. 上左步穿掌

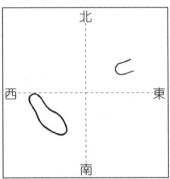

身體左轉，重心立穩於右腿；左腳向左前上步，腳跟著地。左掌微向前伸托，掌心向上，指尖向右前，約與胸同高；右掌向左前穿至左小臂內側上方，掌心向下，指尖向左前。目視兩掌前方。

身體左轉、立穩右腿、左腳上步與兩手畫弧穿掌應協調一致，同步到位。上左步時，左腳落於左斜前方，同時右腿要屈膝、坐胯，左腿直中求屈，輕靈機動。立身中正，舒鬆自然。

上左步穿掌為呼氣。

【攻防含義】設對方出左手來犯，我以左掌接拿其腕；彼又伸出右手來犯，我隨即以掌接拿其右腕待發。

（十八）右蹬腳

3. 左弓步分掌

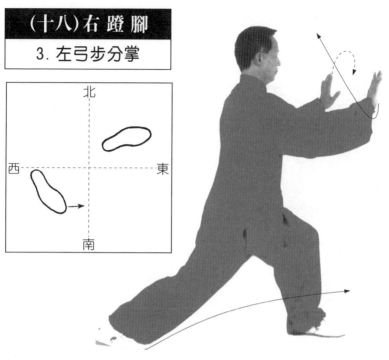

上體微微左轉，左腳掌落地踏實，重心前移，成左弓步。左掌內旋向右、向下、向左前分畫，掌心斜向下，指尖向左前；右掌向左、向上、向右穿掌畫弧分至右前方，掌心斜向下，指尖斜向右前，兩掌均平胸高。目視兩掌前方。

上體微微左轉、左腳踏實成左弓步與兩掌畫弧分掌應協調一致，同步到位。分掌時，左、右掌先同時向相反方向穿畫，不斷勁，再向兩掌的同側方向分絞畫弧。注意柔和協調，肩與臂不可僵勁。

左弓步分掌為吸氣。

【攻防含義】接上動，當我以左手拿住對方左手腕、以右手拿住對方右手腕時，我兩臂發力拉絞即傷其臂。

楊式太極拳競賽套路分解教學40式

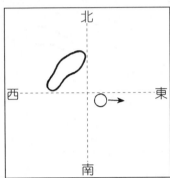

（十八）右 蹬 腳

4. 提膝十字手

左腳踏實，重心全部移至左腿；右膝提起，腳尖自然下垂。兩掌由兩側同時外旋向下、向內畫弧交叉抱至胸前，兩腕相交，左掌在裏。目視前方。

左腳踏實、左腿立穩重心、提右膝與兩掌畫弧十字抱掌應協調同步。獨立提膝時，左腳要踏實支撐，左腿伸直微鬆膝；右膝提起應高過胯，腳尖自然下垂。

提膝十字手為呼氣。

【攻防含義】設對方出雙手來犯，我兩掌順勢向內合臂抱掤以化解之；同時提膝擊打彼襠、腹、胸等部位。

（十八）右 蹬 腳
5. 右蹬腳分掌

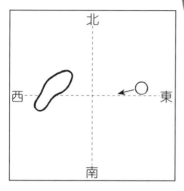

　　重心繼續立穩於左腿，右小腿上抬，右腳尖向內回勾，以腳跟領先向前上蹬出，高要過胯。兩掌同時內旋轉掌心向前並微微上抬向兩側分掌，掌心都向前外，指尖齊斜向上，兩腕與肩同高。目視右腳前方。

　　重心立穩於左腿、蹬右腳與兩掌內旋分掌應協調一致，同步到位。蹬腳時，身體不可歪斜；兩臂展而不僵，保持鬆肩垂肘；右臂與右腿上下要相對。注意含胸拔背。

　　右蹬腳分掌為調息。

　　【攻防含義】設對方出雙手來犯，我雙掌由下向上、向兩側分展以捯開其雙手，同時出右腳蹬擊彼胸、腹等部位。

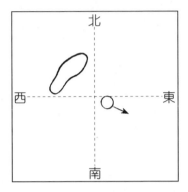

（十九）雙峰貫耳
1. 提膝合伸掌

　　重心繼續立穩於左腿；右膝放鬆，小腿下落，腳尖自然下垂。兩掌同時外旋向內合於右膝上方，約與胸同高、與肩同寬，掌心向上，指尖向前。目視兩掌前方。

　　重心立穩於左腿、右腿屈膝、小腿下落與兩掌外旋應協調同步。小腿下落時，右膝應有向上提頂之意。兩掌臂外旋內合到位時，要保持沉肩垂肘，含胸拔背。

　　提膝合伸掌為吸氣。

　　【攻防含義】設對方出雙手進犯，我以垂肘合臂巧化來招，同時提膝攻擊之。

（十九）雙峰貫耳

2. 落步雙落掌

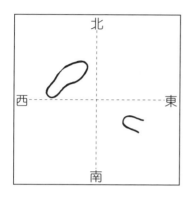

　　重心仍立於左腿，右腳向右前方約斜 30°落步，腳跟著地。兩掌同時分落至胯兩旁，掌心斜向上，指尖斜向前。目視前方。

　　重心立穩於左腿、右腳下落上步與兩掌分落至兩胯旁應協調一致，同步到位。下落右腳上步時，左腿要屈膝、沉胯，身體下降；右腿伸開上步時，腳跟著地要輕，上體保持中正舒鬆。

　　落步雙落掌為呼氣。

　　【攻防含義】設對方出招向我兩肋進擊，我順勢向前落步，同時兩掌下落垂肘以化解之。

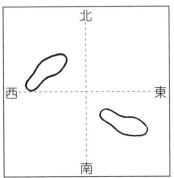

　　重心前移，右腳踏實，成右弓步。兩掌握拳，向兩側、向前上方內旋畫弧合舉於頭前，拳眼斜相對，兩拳相距約與頭同寬，高齊太陽穴，兩臂弧形呈鉗狀。目視前方。

　　重心前移、右腳踏實成右弓步與兩掌變拳向前貫打應協調一致，同步到位。弓步時，右腿屈膝、坐胯，膝蓋不能超過腳尖；左腿伸直，沉胯而不僵。貫拳時，要注意鬆肩垂肘，含胸拔背，身體不可前傾。

　　弓步雙貫拳為調息。

　　【攻防含義】接上動，當對方出手進擊我肋間而被我垂肘化解後，我隨之兩拳貫打彼太陽穴及耳門穴。

（二十）左分腳

1. 微後坐分掌

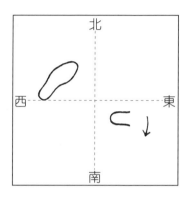

　　重心向左後移，右腳尖隨之翹起。兩拳同時變掌向兩側分舉至頭前兩旁，兩掌心向前外，指尖斜向上，約與頭同高。目視前方。

　　重心向左後移、右腳尖翹起與兩拳變掌分舉至頭前兩旁應協調同步。重心後移時，左腿屈膝、沉胯，右膝微鬆屈。鬆肩垂肘，立身中正平穩，不可凸臀前傾。

　　微後坐分掌為吸氣。

　　【攻防含義】設對方用貫耳雙拳來襲，我便重心後移，兩拳變掌分畫以化解之。

（二十）左 分 腳

2. 弓步分落掌

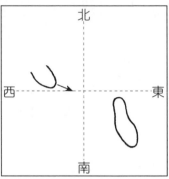

　　右腳尖微外擺踏實，重心前移至右腿；左腳跟隨之提起，腳前掌著地。兩掌同時向兩旁下落至身體兩側，腕同胸高，兩掌心向左、右前下方，兩掌指尖分向左、右前上方。目視左前方。

　　右腳尖微外擺踏實、重心前移至右腿、左腳跟提起與兩掌同時下落應協調同步。右腳外擺時，約向前斜 45°踏實。左腳跟提起時，左胯鬆沉、屈膝。同時注意身體舒鬆自然。

　　弓步分落掌為呼氣。

　　【攻防含義】設對方從我身體左側進招，我順勢右轉體前移並落掌化解之。

（二十）左分腳
3. 提膝十字手

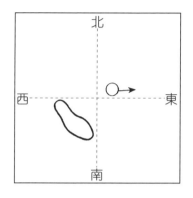

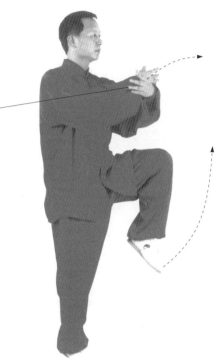

　　右腳踏實，重心全部移至右腿；左膝提起，腳尖自然下垂。兩掌由兩側同時外旋向下、向內畫弧交叉抱於胸前，兩腕相交，右掌在裏。目視前方。

　　右腳踏實、右腿立穩重心、提左膝與兩掌畫弧十字抱掌應協調同步。獨立提膝時，右腳要踏平承重，五趾抓地，右腿要伸直微屈膝。左膝提起應高過胯，腳尖自然下垂。

　　提膝十字手為調息。

　　【攻防含義】與（十八）右蹬腳「4.提膝十字手」同，唯左右相反。

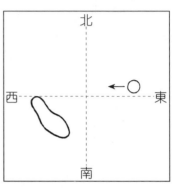

　　重心繼續立穩於右腿；左小腿上抬，左腳面展平，以腳尖向前上伸踢，高要過胯。兩掌同時內旋轉掌心向前，微微上抬向兩側分掌，掌心齊向前外，指尖齊斜向上，兩腕與肩同高。目視左腳前方。

　　重心立穩於右腿、分左腳與兩掌內旋分掌應協調一致，同步到位。分腳時，身體不可歪斜。兩臂應展而不僵。注意鬆肩垂肘，含胸拔背。左臂與左腿上下要相對。

　　左分腳分掌為呼氣。

　　【攻防含義】與（十八）右蹬腳「5. 右蹬腳分掌」同，唯左右相反。

（二一）轉身右蹬腳
1. 收小腿舉掌

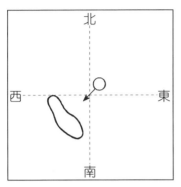

　　右腿微屈，重心仍立穩於右腿；左腳下落而不著地。
兩掌分舉至左、右兩側，掌心齊向外，指尖齊向上，兩腕
約與肩同高。目視左掌前方。

　　重心仍立穩於右腿、左腳下落而不落地與兩掌分舉至
左、右兩側應協調同步。落左腳時，重心要立穩；左膝放
鬆，小腿自然下垂。注意鬆肩垂肘，立身中正。

　　收小腿舉掌為吸氣。

　　【攻防含義】左腳由出擊轉為回收，蓄而待發。

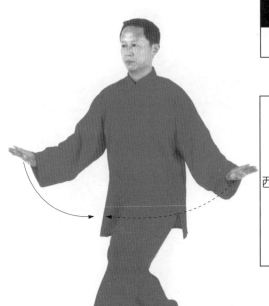

（二一）轉身右蹬腳

2. 右轉體落步

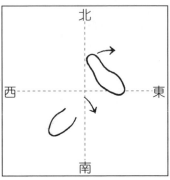

　　身體右轉，左腳向右腳外側蓋落步，腳尖著地。兩掌隨轉體同時畫弧下落至身體兩側，掌心齊向下，指尖斜向身體兩側前方，約與腰同高。目視前方。

　　身體右轉、左腳向右腳外側落步與兩掌隨轉體同時畫弧下落應協調一致，同步到位。落腳時，右腿屈膝下蹲，重心要穩，左腳尖輕輕落地，同時兩胯要向內合力。兩掌畫弧下落時，要注意收臀，上體不可前傾。

　　右轉體落步為呼氣。

　　【攻防含義】設對方出腳攻擊我左腿、左腰，我順勢轉體落步，兩掌同時畫弧下落以化解之。

（二一）轉身右蹬腳
3. 轉身交叉臂

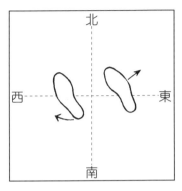

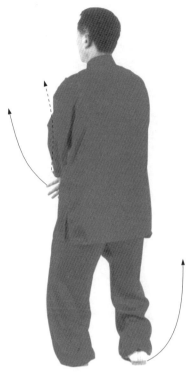

身體右轉，兩腳以腳前掌為軸，腳跟離地隨轉體碾轉至起式的右後方落地。兩掌同時由身體兩側向下、向內畫弧合臂，交叉於腹前：左掌在上，掌心向右，指尖斜向前；右掌在下，掌心向左，指尖斜向下。目視兩掌前方。

身體右轉、兩腳以前掌為軸隨轉體而碾轉與兩掌畫弧合臂交叉於腹前應協調一致，同步到位。碾腳轉身時，要兩胯合力，屈膝沉胯，鬆中有緊。保持身體舒鬆平穩，不歪斜、不前傾，腋下含空。

轉體交叉臂為吸氣。

【攻防含義】設對方出左腿來犯，我雙掌合抱轉體以化解之。

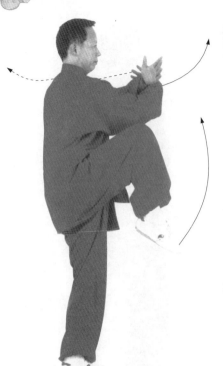

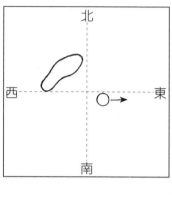

（二一）轉身右蹬腳
4. 提膝十字手

身體繼續右轉，左腳跟外碾踏實，重心全部立穩於左腿；右膝提起，腳尖自然下垂。兩掌由腹前同時外旋向上交叉合抱於胸前，兩腕交叉，左掌在裏。目視前方。

右轉體、左腳跟外蹍踏實、立穩重心、提右膝與兩掌外旋向上合抱於胸前應協調同步。獨立提膝時，左腳要平踏承重，五趾抓地，左腿要直而微屈膝；右膝提起應高過胯，腳尖自然下垂。

提膝十字手為呼氣。

【攻防含義】與（十八）右蹬腳「提膝十字手」同。

（二一）轉身右蹬腳

5. 右蹬腳分掌

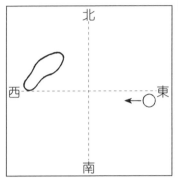

　　重心繼續立穩於左腿；右小腿上抬，右腳尖向內回勾，以腳跟領先向前上蹬出，高要過胯。兩掌同時內旋，轉為掌心向前，並微微上抬向兩側分掌，掌心齊向外，指尖均斜向上，兩腕與肩同高。目視右腳前方。

　　重心立穩於左腿、蹬右腳與兩掌內旋分掌應協調一致，同步到位。蹬腳時，身體不可歪斜，兩臂分掌展而不僵。注意鬆肩垂肘，含胸拔背，右臂與右腿上下要相對。

　　右蹬腳分掌為調息。

　　【攻防含義】與（十八）右蹬腳「右蹬腳分掌」同。

楊式太極拳競賽套路分解教學40式

（二二）海底針
1. 後落步舉掌

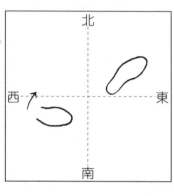

　　重心立穩於左腿；右腿下落向右後落步，腳前掌著地；兩腿屈膝。右掌隨落右步向前下落伸至體前，掌心斜向左，指尖斜向上；左掌同時向左側畫弧伸舉，腕同肩高，掌心向左前，指尖向上。目視右掌前方。

　　重心立穩於左腿、右腳向右後落步與兩掌畫弧伸舉應協調一致，同步到位。落右腳時，左腿屈膝微下沉；右腳落至左腳內側後方約半步，落步要輕；兩胯微微合力。

　　後落步舉掌為吸氣。

　　【攻防含義】設對方出招進擊我下腹，我隨之右腳後撤，右掌下揭以化解之。

(二二)海底針
2. 虛步提按掌

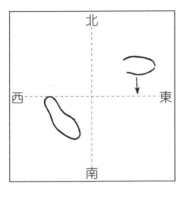

　　右轉體，右腳內碾踏實，重心移至右腿；左腳跟隨之提起，腳前掌著地，成左虛步。右掌隨轉體向下、向右、向上畫弧提至右肩前，掌心向裏，指尖斜向前下；左掌同時向前、向右、向下畫按至身體左前，掌心斜向下，指尖向右前。目視右前方。

　　右轉體、重心移至右腿成左虛步與兩掌畫弧提、按應協調一致，同步到位。轉體時，右腿重心要穩，以腰為軸，以身帶臂，以臂帶掌，周身柔和舒展，鬆肩垂肘，自然大方。

　　虛步提按掌為調息。

　　【攻防含義】設對方出右手進擊我胸、腹部，同時又出左腿進攻我右腰側時，我順勢右轉體，以左掌畫按其手，右掌撈提其腿以破來招。

(二二)海底針
3. 虛步下插掌

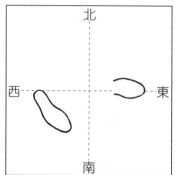

重心繼續立穩於右腿，身體微左轉；左腳向內平移至右腳前，仍為左虛步。右掌隨轉體向前下方插掌，掌心向左，指尖向前下方；左掌同時經左膝前摟畫至左膝外側，掌心向下，指尖向前。目視前下方。

重心立穩於右腿、身體微左轉、右腳前平移與兩掌畫弧摟、插應協調一致，同步到位。向前下插掌時，右腿屈蹲、坐胯，左腿屈膝上提、坐胯。上體斜中有直，不可弓腰。

虛步下插掌為呼氣。

【攻防含義】設對方伸右手來犯，我以左掌將其摟化，右掌向前下插彼丹田和襠部。

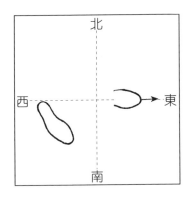

(二三)閃 通 臂
1. 虛步舉合掌

　　上體直起，微微右轉，重心仍立穩於右腿；左腳跟離地，仍為左虛步。右掌隨起身向上抬舉至胸前，掌心向左，指尖向前；同時左掌由左膝外側向前上微外旋畫弧，抬至右腕內側下方，掌心向右，指尖斜向上。目視右掌前方。

　　上體升起、微微右轉與兩掌畫弧向前上合舉應協調一致，同步到位。直起上體時，右腿仍需屈蹲，不可站起；上體中正，不凸臀、不前傾。注意沉肩垂肘，含胸拔背。兩掌向上抬舉時，有相合之力。

　　虛步舉合掌為吸氣。

　　【攻防含義】設對方出手向我頭部進擊，我順勢起身，以右掌挑托其臂，左掌搭拿其腕以化解之。

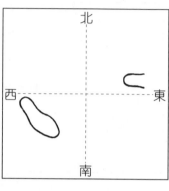

　　上體微右轉，重心仍立穩於右腿；左腳向左前上步，腳跟著地。右掌上抬舉於頭前，與頭同高，掌心向左，指尖向前；左掌隨之微向前伸探，掌心向右，指尖向上。目視左掌前方。

　　上體微右轉、右腿立穩重心、上左步與兩掌舉、探應協調同步。在上步時，右腿屈蹲，鬆腰坐胯；左腳上步時，腳跟著地要輕。不可凸臀前傾，注意鬆肩垂肘。

　　上步舉伸掌為呼氣。

　　【攻防含義】設對方出右手來犯，我右掌上挑其臂，上左步套攔其右腿，舉左掌待發，此時彼已在我控制之中。

（二三）閃 通 臂

3. 弓步架推掌

上體微右轉，左腳掌下落踏實，重心前移；左腿屈膝，右腿伸直，成左弓步。右掌內旋向上架至右前額上方，掌心斜向上，指尖斜向左；左掌同時微微內旋向前推出，腕同肩高，掌心斜向前，指尖向上。目視左掌前方。

上體微右轉、左腳踏實、重心前移成左弓步與兩掌架、推應協調一致，同步到位。弓步時，左腿要屈膝、坐胯；右腿要伸直，但膝部要微鬆屈，並沉後胯。架推掌時，要注意鬆肩垂肘，保持上體中正，左肩要隨推掌向前微送。

弓步架推掌為調息。

【攻防含義】接上動，當對方右臂被挑起時，我右手轉手拿住其腕向上後方引帶，左掌隨即推打彼肋部。

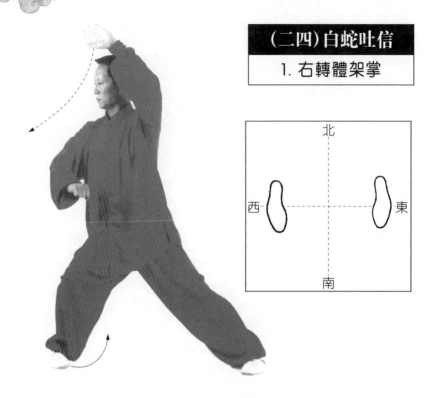

（二四）白蛇吐信

1. 右轉體架掌

北

西　　　　　東

南

　　身體右轉，右腳跟微內碾，右腿屈膝，重心右移；左腳尖翹起內扣踏實，左腿伸直。左掌隨轉體向上畫立圓至頭上方，掌心斜向上，指尖斜向右；右掌隨轉體經面前下落至右腹前變拳，拳心向下，拳眼向裏。目視右前方。

　　身體右轉、重心右移、左腳內扣與兩掌畫弧握拳、托掌應協調一致，同步到位。轉體時，身體仍需鬆沉，兩胯要合而有開。托掌時，保持沉肩垂肘，含胸拔背，不可聳肩、凸臀。

　　右轉體架掌為吸氣。

　　【攻防含義】設對方出手進擊我右肋部，我順勢右轉體，以右掌變拳下克化解之。

（二四）白蛇吐信

2. 提右腳落掌

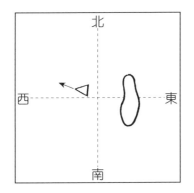

　　右轉體，左腳踏實，重心全部移至左腿；右腳回收提
至左腳內側，不落地，腳尖自然下垂。左掌隨之經面前下
落至頭前方，掌心斜向前，指尖斜向上；右拳同時提至胸
前，拳心向下，拳眼向裏。目視前方。

　　右轉體、重心移至左腿、收提右腳與左掌下落、右拳
上提應協調一致，同步到位。提腳時，左腿要屈膝、坐
胯，重心立穩；右腳提起時，右腿要注意放鬆。兩臂屈肘
成弧形，同時要含胸拔背。

　　提右腳落掌為呼氣。

　　【攻防含義】設對方出手進擊我面部或右腿，我重心
後移，提起右腿；同時以左掌經面前下按化解之。

（二四）白蛇吐信

3. 上步伸舉掌

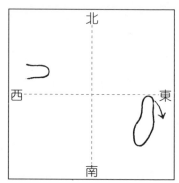

上體微微右轉，重心仍落於左腿；右腳向右前上步，腳跟著地。右拳外旋經胸前向上畫弧變掌伸舉至前方，與面部同高，掌心斜向裏，指尖斜向上；左掌同時經右小臂外側向下、向內收落至左腰前側，掌心斜向下，指尖斜向上。目視右掌前方。

上體微右轉、重心仍立穩於左腿、右腳上步與兩掌畫弧伸、收應協調一致，同步到位。上步時，左腿要屈膝、沉胯，立穩重心；右腳落地要輕，右膝微屈。不可歪胯、俯體。

上步伸舉掌為吸氣。

【攻防含義】設對方出手來犯，我以左掌按壓其臂，右手向前以蓋面掌擊之。

（二四）白蛇吐信

4. 弓步左推掌

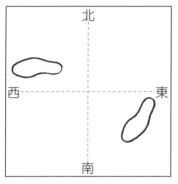

上體右轉，右腳掌落地踏實，重心前移，右腿屈膝；左腳跟微外碾，左腿伸直，成右弓步。左掌推至體前，腕同胸高，掌心側向前，指尖向上；右掌同時回抽收至右腰側，掌心向上，指尖向前。目視左掌前方。

上體右轉、右腳踏實、重心前移成右弓步與兩掌前後推、收應協調一致，同步到位。弓步時，右腿屈膝坐胯；左腿伸直，微屈膝、沉胯。注意鬆腰撐體，左肩隨推掌向前引送。

弓步左推掌為呼氣。

【攻防含義】設對方用左手抓住我右腕不放，我回抽右掌，左掌隨弓步推按彼胸膛。

（二五）右 拍 腳
1. 前移右穿掌

北

西 —— 東

南

　　上體微微左轉，重心右前移，左腳跟離地。左掌外旋向前伸托至體前，與胸同高，掌心向上，指尖向前；右掌內旋自腰間向前上穿至左小臂上方，掌心向下，指尖斜向左前。目視前方。

　　上體微微左轉、重心右前移、左腳跟離地與兩掌旋轉穿、托掌應協調同步。重心前移時，右腿屈膝、坐胯，左腿仍需屈膝、沉胯，身體舒鬆沉穩，中正不僵；保持鬆肩垂肘，兩臂呈弧形。

　　前移右穿掌為吸氣。

　　【攻防含義】設對方出右手來犯，我以左掌托拿其肘，右掌搭拿其腕待發。

（二五）右 拍 腳
2.提腳分舉掌

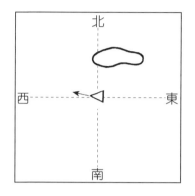

右腳踏實，重心全部移至右腿；左腳收提至右腳內側前，腳尖微外擺下垂，不落地。左掌微內旋向下、向左畫弧到左腹前，掌心向右，指尖斜向下；右掌微內旋向上、向右畫弧至頭右前，掌心斜向右外，指尖斜向上。目視前方。

右腳踏實、重心移至右腿、左腳提收與兩掌畫弧應協調同步。提左腳時，右腿屈膝半蹲，左膝向上稍提起。兩掌畫弧時，不可平分掌，注意左掌先向下再向左畫分，而右掌先向上再向右畫分，兩掌同時形成絞畫弧。

提腳分舉掌為呼氣。

【攻防含義】設對方出左拳向我面部擊來，同時又出右腿向我腹部進擊，我以右掌畫攔其左拳，左掌畫攔其右腿以化解之。

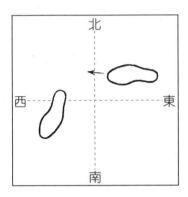

（二五）右拍腳

3. 蓋步十字手

北

西　　　　　　　　東

南

　　左腳外擺，向前蓋落步，左腿屈膝，重心微前移；右腳跟隨之微離地。左掌繼續外旋向上、向內畫弧至胸前，掌心斜向上，指尖向右；右掌繼續外旋向下、向內畫弧至胸前，與左掌兩腕相交叉，掌心斜向上，指尖向左。目視前方。

　　左腳外擺向前蓋落步、左腿屈膝、右腳跟離地與兩掌畫弧應協調一致，同步到位。落左步時，兩腿屈膝、沉胯，身體要中正、舒鬆，不僵勁。兩掌畫弧時，要形成對稱絞弧，不可做成平分弧。

　　蓋步十字手為吸氣。

　　【攻防含義】設對方出雙手向我撲來，我順勢以絞弧十字手化解之。

（二五）右 拍 腳

4. 提膝雙舉掌

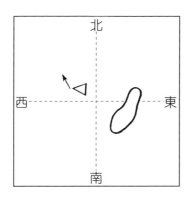

上體微微右轉，左腳踏穩，重心全部移至左腿；右膝提起，腳尖自然下垂。左、右兩掌同時內旋向上抬舉至頭前方，兩手腕仍交叉，兩掌心均向下，指尖均斜向前方。目視前方。

上體微微右轉、重心移至左腿、提右膝與兩掌內旋抬舉應協調一致，同步到位。提右膝時，左腳要平踏承重，五趾要有抓地的意識，左腿要直而微屈膝。上體舒鬆自然，鬆肩垂肘。

提膝雙舉掌為調息。

【攻防含義】設對方出招擊向我面部，我雙掌上抬以化解之。

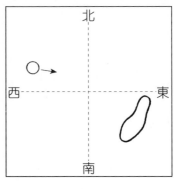

（二五）右 拍 腳

5.分掌右拍腳

　　重心繼續立穩於左腿，上體微向右轉；右小腿上抬，右腳面展平向前上踢出。右掌向前、向下拍擊右腳面，發出「啪」的響聲，右臂與右腿上下相對；左掌同時向上、向下分舉至左後方，腕約與肩同高，掌心向下，指尖向左後。目視拍腳處。

　　重心立穩於左腿、右腳向上分踢與兩掌拍腳、分舉應協調一致，同步到位。拍腳時，重心必須立穩，右腿需伸直，高要過腰部，再高不限；左腿直立，膝部微屈，身體自然，不可彎腰。

　　分掌右拍腳為呼氣。

　　【攻防含義】接上動，當對方出手被我雙掌上掤化解後，我順勢出腿踢擊彼胸、腹或面、喉部，並以掌擊拍彼頭面部。

（二六）左右伏虎勢

1. 落步右擺掌

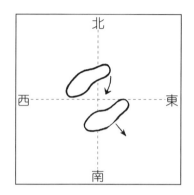

　　上體微右轉，右腳下落於左腳內側，兩腳平行站立，相距 15 公分左右。兩掌隨右轉體向右前方擺伸，兩掌心均斜向下，指尖均斜向前；右腕與肩同高，左腕與胸同高。目視兩掌前方。

　　上體微右轉、右腳下落與左腳平行站立與兩掌向右前畫弧擺伸應協調同步。落腳擺掌時，兩腳立穩，兩膝微屈，腰胯鬆柔，以腰為軸，以身帶臂，以臂帶掌擺伸到位，右掌在前，左掌在後。

　　落步右擺掌為吸氣。

　　【攻防含義】設對方出手進擊我胸部，我順勢落步擺掌以化解之。

（二六）左右伏虎勢
2. 撤步雙伸掌

上體微右轉，右腳跟內碾踏實，右腿屈膝；左腳向左後方撤步，腳前掌著地。兩掌繼續向右前方伸舉，右掌與頭同高，左掌與胸同高，兩掌心均斜向前，指尖均斜向上。目視右掌前方。

上體微右轉、右腿屈膝、左腳撤步與兩掌繼續向右前伸舉應協調同步。撤步伸掌時，右腿屈膝、坐胯，左腿伸直、沉胯。兩掌前伸時保持沉肩垂肘，腋下含空。身體中正稍有斜。

撤步雙伸掌為呼氣。

【攻防含義】設對方出招進擊我胸、腹部，我身體下降撤步，同時雙掌下掤以解之。

（二六）左右伏虎勢
3. 左轉體分掌

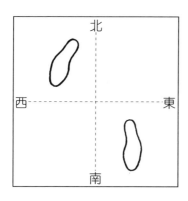

　　身體左轉，左腳跟內碾踏實；右腳跟外碾踏實，重心微左移。左掌隨轉體經腹前畫弧至體左前，掌心向下，指尖向前；右掌同時畫弧至體右前，掌心向下，指尖斜向右前。目視前方。

　　身體左轉、左腳跟內碾、右腳跟外碾、重心微前移與兩掌畫弧應協調一致，同步到位。轉體時，左腳內碾，右腳依次外碾。重心微左前移，右腿保持屈膝、沉胯，左膝微屈弓。身體中正、含虛。

　　左轉體分掌為吸氣。

　　【攻防含義】設對方出腿進擊我左腰側，我順勢左轉體摟掌以化解之。

4. 弓步架打捶

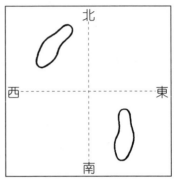

上體微右轉，重心左前移，成左弓步。兩掌同時握拳，左拳微微內旋向左、向上、向右弧形架舉於左前額上方，拳心斜向上，拳眼向下；右拳微外旋向左畫弧抱於左肋旁，拳心向裏，拳眼向上，兩拳眼上下相對。目視右前方。

上體微右轉、重心前移成左弓步與兩掌變拳畫弧抱、架應協調一致，同步到位。弓步時，左腿屈弓、坐胯，右腿伸直、微屈膝、沉胯。架拳時，上體要先向左微轉，再向右轉體架抱拳。抱拳時，右腋下要含空，不可夾臂。

弓步架打捶為呼氣。

【攻防含義】設對方出手來犯，我以右拳攔壓，左拳擊打彼耳門及太陽穴。

（二六）左右伏虎勢

5. 轉體雙舉掌

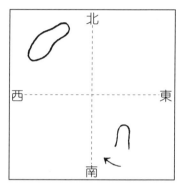

　　身體右轉，重心右後移；左腳尖翹起內扣約 45°，不落地。右拳變掌隨轉體畫至體左前，與胸同高，掌心斜向左前，指尖斜向左上方；左拳同時變掌隨轉體畫舉至體左前上方，腕同肩高，掌心斜向左前，指尖斜向左上方。目視左掌前方。

　　身體右轉、重心右後移、左腳內扣與兩拳變掌畫弧伸舉應協調一致，同步到位。轉體時，右腿屈膝、坐胯，左腿微屈膝、沉胯。身體中正，不可凸臀、前傾。注意鬆肩垂肘，舒展含虛。

　　轉體雙舉掌為吸氣。

　　【攻防含義】設對方出手向我胸、腹部擊來，我重心後移，順勢以雙掌捋化解之。

6. 提腳畫舉掌

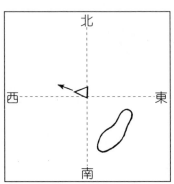

北

西　　　東

南

　　上體微右轉，左腳掌落地踏實，重心全部移至左腿；右腳收至左腳內側前，不落地，腳尖自然下垂。右掌隨之向下、向右畫伸至右膝前上方，掌心向下，指尖向前；左掌同時移舉至左胸前，掌心斜向前，指尖斜向上。目視前方。

　　上體微右轉、重心移至左腿、右腳提收與兩掌畫弧伸舉應協調一致，同步到位。提腳時，左腳踏實，左腿屈膝半蹲；右腳提起要輕鬆自如，沉穩含虛。上體中正，鬆肩垂肘。

　　提腳畫舉掌為呼氣。

　　【攻防含義】設對方出招向我右腿進擊，我順勢提腳，並以兩掌畫攔化解之。

（二六）左右伏虎勢

7. 上步雙擺掌

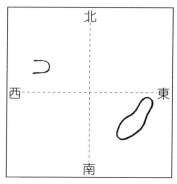

北

西 ---- 東

南

重心仍立穩於左腿；右腳向右前方上步，腳跟著地。右掌隨之向右畫擺至右前側，約與腰同高，掌心向下，指尖向右前；左掌同時微微外旋向右畫擺至腹前，掌心斜向右前，指尖向前。目視右前方。

重心立穩於左腿、右腳上步與兩掌畫擺應協調同步。上步時，左腿重心要穩，右腳上步落地要輕，身體下降，步子儘量邁大些，但右腿不可強直。上體自然中正。

上步雙擺掌為吸氣。

【攻防含義】設對方出招向我右腰側進擊，我順勢上步，以雙擺掌化解之。

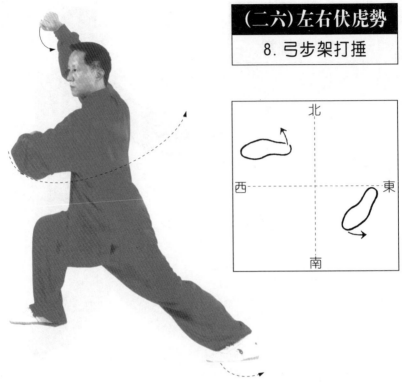

（二六）左右伏虎勢
8. 弓步架打捶

　　上體微左轉，右腳踏實，重心右前移，成右弓步。右掌隨之變拳微內旋，向右、向上、向左架於右前額上方，拳心斜向前，拳眼向下；左掌同時變拳外旋向右畫弧抱至右肋前，拳心向裏，拳眼向上，兩拳眼上下相對。目視左前方。

　　上體微左轉、重心前移成右弓步與兩掌變拳架抱應協調一致，同步到位。弓步時，右腿屈膝、坐胯，右膝蓋不過腳尖；左腿伸直，但膝部應微微鬆屈，後胯需下沉。保持沉肩垂肘，含胸拔背。

　　弓步架打捶為呼氣。

　　【攻防含義】與「4.弓步架打捶」同，唯左右相反。

（二七）右 下 勢

1. 左勾手擺掌

身體左轉，左腳外擺踏實；右腳跟外蹍踏實，重心左移。左拳變勾手，向下經腹前向左、向上弧形畫吊至左側上方，腕約與肩同高，勾尖向下；右拳同時變掌向左下畫至右胸前，掌心向左，指尖向上。目視右掌前方。

身體左轉、左腳外擺、右腳跟外蹍與左勾手右掌畫弧應協調一致，同步到位。擺蹍腳時，要先擺左腳，後蹍右腳跟。注意開胯圓襠。身體中正，不可凸臀前傾。兩肩鬆沉垂肘。

左勾手擺掌為吸氣。

【攻防含義】設對方伸手來犯，我以左手拿住其腕向左上引帶，右掌推按彼胸膛。

（二七）右 下 勢
2.右仆步勾手

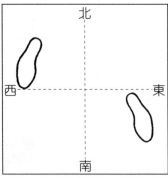

北

西 ———— 東

南

上體微微右轉，重心繼續立穩於左腿；右腿伸直，左腿屈膝，仆步下蹲，兩腳踏實。左勾手隨身而動於左後方，腕略高於肩，勾尖仍向下；右掌隨仆步下落至右下腹前，掌心斜向左前，指尖斜向左上。目視右前方。

上體微微右旋，重心在左腿、左腿屈蹲仆步與左勾手和右落掌應協調同步到位。仆步時，右腿屈膝全蹲，兩胯鬆中有緊，兩腳須踏實。不可凸臀彎腰，上體保持舒鬆自然。

右仆步勾手為呼氣。

【攻防含義】設對方出招向我頭部進擊，我順勢下蹲攔掌化解之。

（二七）右下勢

3. 右仆步穿掌

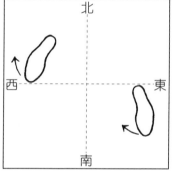

　　上體微右轉，重心仍偏左，仆蹲鬆胯，兩腳踏實。右掌微內旋順右腿內側向前伸穿至右腳內側，掌心斜向下，指尖向前；左勾手仍順隨吊舉至左後方，勾尖仍向下。目視右掌前方。

　　右旋體、仆蹲鬆胯、兩腳踏實與右掌微內旋前穿、左勾手吊舉應協調同步。仆步時，兩腳紮穩，兩腿鬆中有緊，不丟勁，兩胯開中有合力。左腳尖斜向左後，右腳尖內扣。上體伸開腰，隨體穿掌。

　　右仆步穿掌為調息。

　　【攻防含義】設對方出招向我頭部進擊，我順勢仆步下蹲讓過來招，同時以右掌穿彼襠及拿彼腿。

（二八）金雞獨立

1. 弓步挑勾手

北

西 ——————— 東

南

上體微右轉，右腳外擺，左腳內扣，兩腳踏實，重心前移，成右弓步。右掌隨弓步向前上方挑舉，腕同肩高，掌心斜向左，指尖斜向上；左勾手同時內旋向左後、向上舉伸，勾尖向上。目視右掌前方。

上體微右轉、兩腳擺扣踏實、重心前移成右弓步與右掌挑舉、左勾手後勾應協調一致，同步到位。兩腳擺、扣時，應先擺右腳，再扣左腳。挑舉右掌時，右肘與右膝上下要相對；左勾手向後舉伸時，注意左肩不可上聳。

弓步挑勾手為吸氣。

【攻防含義】接上動，當對方出招被我讓過，我趁勢前移弓步，以右掌挑其襠部或挑化來招。

（二八）金雞獨立

2. 右獨立挑掌

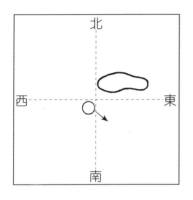

上體右轉，重心前移全部立於右腿；左膝隨之提起，腳尖自然下垂。左勾手變掌向前上伸舉，腕同肩高，掌心向右前，指尖斜向上；右掌同時內旋畫落至右胯旁，掌心向下，指尖向前。目視左掌前方。

上體右轉、重心移至右腿、提左膝與勾手變掌前舉、右掌內旋下落至右胯旁應協調一致，同步到位。獨立時，右腿微屈膝立穩，左膝提起高過胯，左肘與左膝上下要相對。身體中正自然。

右獨立挑掌為呼氣。

【攻防含義】設對方伸出左手來犯，我順勢以右掌拿住其手腕下採，同時提左膝擊其襠、腹、胸等，並以左掌招其喉部。

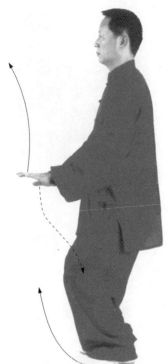

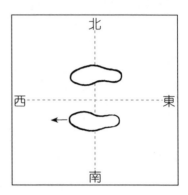

(二八) 金雞獨立

3. 落步雙伸掌

　　上體微左轉，左腳下落至右腳內側，兩腳平行屈膝站立，腳尖微外開，相距約 20 公分。左掌隨之下落至左腹前，掌心向下，指尖向前；右掌由胯旁向前抬至右下腹前，掌心向下，指尖向前（右掌在下，左掌在上）。目視前方。

　　上體微左轉、左腳下落至右腳內側與兩掌上下畫弧抬、落應協調一致，同步到位。落步時，周身要舒鬆沉穩，上體中正含虛，不凸臀前傾；兩臂鬆肩垂肘，腋下含空。

　　落步雙伸掌為吸氣。

　　【攻防含義】設對方出手進擊我胸、腹部，我以上下舉落掌化解之。

（二八）金雞獨立

4. 左獨立挑掌

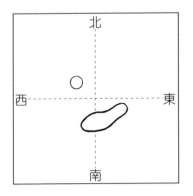

上體微左轉，重心全部移至左腿；右膝隨之提起，腳尖自然下垂。右掌向右上伸舉，腕同肩高，掌心向左前，指尖斜向上；左掌同時下落至左胯旁，掌心向下，指尖向前。目視右掌前方。

上體微左轉、重心移至左腿、提右膝與右掌伸、左掌下落應協調一致，同步到位。獨立時，左腿微屈膝立穩，右膝提起高過胯，右肘與右膝上下要相對。身體中正，舒鬆自然。

左獨立挑掌為呼氣。

【攻防含義】與「2. 右獨立挑掌」同，唯左右相反。

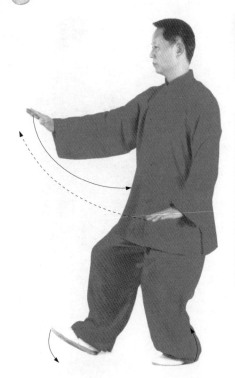

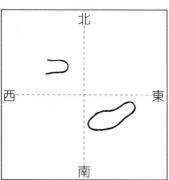

上體微微右轉，重心仍落於左腿；右腳向右前上半步，腳跟著地，成右虛步。右掌隨落右步向下落伸至體前，腕與上腹部同高，掌心斜向前，指尖斜向上；左掌隨轉體仍按於左胯旁，掌心向下，指尖向前。目視右掌前方。

上體微微右轉、右腳向前落步與右掌落伸、左掌隨轉體按於左胯旁應協調一致，同步到位。落步時，腳跟著地要輕，步子不要上得太大，左腿屈膝、沉胯，右腿虛弓。上體自然中正。

落步伸舉掌為吸氣。

【攻防含義】設對方伸手來犯，我落步下攬掌以化解之。

(二九)指 襠 捶

2.握右拳攔掌

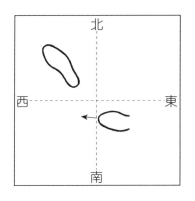

身體右轉，右腳外擺踏實，
重心右前移；左腳跟離地。右掌
隨轉體握拳外旋畫弧收至右腰
間，拳心向上；左掌同時向左、
向前、向右畫弧攔至體右前方，
掌心斜向下，指尖斜向右。目視
左掌前方。

身體右轉、右腳外擺
踏實、重心右前移、左腳
跟離地與右拳收於腰間、左掌畫攔至體右前應協調一致，
同步到位。擺腳時，重心隨之前移，右腿屈膝、坐胯，左
腿屈膝、沉胯，兩胯相合，舒鬆沉穩。

握右拳攔掌為呼氣。

【攻防含義】設對方出左手來犯，我以右手拿住其腕
向右後抽帶；對方又用右手出擊，我隨即以左掌攔化之。

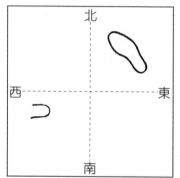

北

西 ---- 東

南

身體微右轉，重心移至右腿；左腳向左前上步，腳跟著地。右拳隨轉體收於腰間，拳心向上；左掌同時向右畫弧至右側前方，掌心向下，指尖向右前。目視左前方。

身體微右轉、重心移至右腿、左腳上步與右拳收於腰間、左掌畫至右側前應協調同步。上步時，右腿屈膝、坐胯，左腳輕落地，左腿微屈膝。注意上體中正，不凸臀前傾。

上步伸攔掌為吸氣。

【攻防含義】與「2. 握右拳攔掌」同，唯增加了上步套攔對方的腿。

楊式太極拳競賽套路分解教學40式

212

（二九）指襠捶
4. 弓步指襠捶

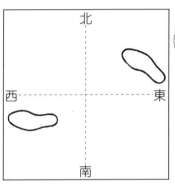

北

西 ---- 東

南

　　上體左轉，左腳踏實，重心左前移，成左弓步。左掌隨轉體向前、向左經左膝前上方畫弧摟至左腿外側，掌心向下，指尖向前；右拳由腰間向前下方打出，拳眼向上。目視右拳前方。

　　上體左轉、重心前移成左弓步與左掌摟畫弧、右拳前打應協調同步。弓步時，左腿屈膝、坐胯；右腿伸直，鬆膝沉胯。右拳打出時，右肩微向前催送，拳高約平小腹和襠部。

　　弓步指襠捶為呼氣。

　　【攻防含義】設對方出右腿向我左腰側打來，我以左掌畫攔，右拳擊打其下丹田和襠部。

楊式太極拳競賽套路分解教學40式

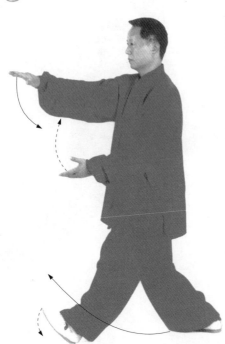

(三十)攬雀尾

1. 後坐舉伸掌

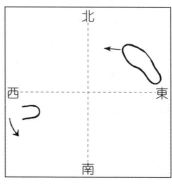

　　身體微左轉，重心右後移，左腳尖翹起。右拳隨之內旋變掌向前上舉伸，與肩同高，掌心斜向下，指尖斜向前；左掌同時外旋向上、向前舉至腹前，掌心向上，指尖向前。目視右掌前。

　　身體微左轉、重心右後移、左腳尖翹起與兩掌畫弧伸舉應協調一致，同步到位。重心後移時，右腿屈膝、沉胯，左腿微屈膝、鬆胯，兩胯向內稍合力。上體中正自然，保持鬆肩垂肘，收臀含胸。

　　後坐舉伸掌為吸氣。

　　【攻防含義】設對方出左掌來犯，我以右掌舉掤之；對方又出右手來犯，我隨即以左掌上托化解之。

（三十）攬雀尾
2. 提右腳抱球

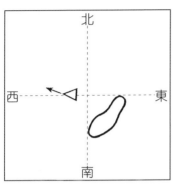

　　上體微左轉，重心全部移至左腿；右腳收至左腳內側，不落地，腳尖自然下垂。左臂內旋屈收於左胸前，左掌心翻轉向下，與胸同高，指尖向右；右臂外旋，右掌向左畫弧至左腹前，掌心向上，指尖向左，兩掌相對如抱球狀。目視左掌前方。

　　轉體、旋臂、收步、抱球要協調一致，同步到位。提腳時，要立穩重心，身體不可歪斜，腳不要提得過高。抱球時，注意腋下含空，沉肩垂肘。

　　提右腳抱球為呼氣。

　　【攻防含義】與（二）攬雀尾「提右腳抱球」同。

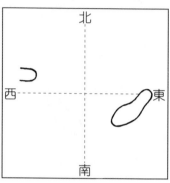

　　上體微右轉，左腿立穩重心；右腳向右前上步，腳跟著地。右臂微內旋上掤至胸前，掌心向內，指尖向左；左掌微微下落至右小臂裏側，與胸同高，掌心斜向前，指尖斜向上，臂呈弧形。目視前方。

　　上體右轉上步與掤臂落掌要協調同步。上步時，左腿立穩重心，右腳邁步要緩慢，著地要輕靈，左腿屈膝、坐胯，右腿稍屈膝、沉胯。注意上體中正，含胸拔背。

　　上步右掤臂為吸氣。

　　【攻防含義】與（二攬雀尾）「上步右掤臂」同。

（三十）攬雀尾

4. 右弓步掤臂

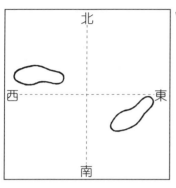

上體微右轉，右腳掌踏實，重心右前移，成右弓步。右臂弧形向前掤擠，與上胸部同高，掌心向裏，指尖向左；左掌微下落至右小臂內側下方，掌心向前，指尖斜向上，距右小臂 5 公分左右。目視前方。

右轉體弓步與右臂前掤、左掌下落前擠應協調同步。弓步時，右腿屈膝、坐胯，左腿伸直微屈膝、沉胯。注意含胸拔背，身體中正。

右弓步掤臂為呼氣。

【攻防含義】與（二）攬雀尾「右弓步掤臂」同。

(三十)攬雀尾

5.微轉體舉掌

上體微右轉，仍為右弓步。右掌內旋向右前上方畫弧伸舉，翻掌心斜向前，指尖斜向上，與頭同高；左掌同時向右前引推外旋，轉掌心斜向上，指尖斜向右前，左掌位於右肘內側下方，兩掌心斜相對。目視兩掌前方。

轉體、右弓步與右掌畫弧旋伸、左掌引推外旋應協調同步。畫弧時，要鬆腰隨體，以腰為軸。弓步時，右腿屈膝、坐胯，左胯鬆沉，左腿直而不僵，微屈膝。

微轉體舉掌為吸氣。

【攻防含義】與（二）攬雀尾「微轉體舉掌」同。

楊式太極拳競賽套路分解教學40式

218

（三十）攬雀尾
6.左轉體後捋

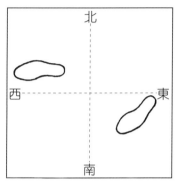

重心左後移，身體左轉。兩掌同時由右上方向左下方捋至腹前。右掌心斜向左下方，指尖向右前；左掌心斜向上，指尖向右下。目視兩掌前方。

左轉體、重心後移與兩掌左下捋應協調一致，同步到位。後移重心時，左腿要屈膝、坐胯，右腿伸開微屈膝。同時注意不可凸臀前傾，要沉肩垂肘，含胸拔背，舒鬆自然。

左轉體後捋為呼氣。

【攻防含義】與（二）攬雀尾「左轉體後捋」同。

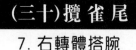

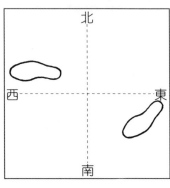

　　上體微右轉。右臂外旋屈肘橫於胸前，掌心向裏，指尖向左；左掌同時內旋上提，轉掌心向前，以掌指搭附於右腕內側，指尖向上。兩臂呈弧形。目視前方。

　　轉體與畫弧搭腕應協調同步。轉體時，要以腰為軸，帶動兩臂旋轉運動。橫臂搭腕時，兩臂圓撐，與上胸部同高。注意身體中正，重心仍落於左腿，前腳尖不可上翹。

　　右轉體搭腕為吸氣。

　　【攻防含義】與（二）攬雀尾「右轉體搭腕」同。

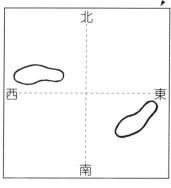

(三十) 攬 雀 尾

8. 右弓步前擠

重心前移，成右弓步。兩掌同時向前掤臂擠出，與上胸部同高，兩臂合力圓撐。目視前方。

右弓步與兩掌合力前擠應協調一致，同步到位。弓步時，右腿屈膝坐胯，膝蓋不得超過腳尖，左腿伸直，沉胯微屈膝，兩腳紮穩，上體中正，沉肩垂肘，含胸拔背，周身貫通。

右弓步前擠為呼氣。

【攻防含義】與（二）攬雀尾「右弓步前擠」同。

（三十）攬雀尾
9. 弓步旋伸掌

重心在右前，仍為右弓步。左掌沿右掌背弧形向前、向左穿抹，右掌同時內旋向前伸舉，兩掌隨即翻轉掌心向下，指尖均向前，兩掌與肩同高。目視兩掌前方。

重心在前、右弓步與兩掌翻轉、分抹伸舉要協調一致，同步到位。分舉掌時，兩腳立穩，腰胯鬆沉，隨體分掌，以內動帶外動，內外合一，周身協調，仍保持含胸拔背，身體中正。

弓步旋伸掌為吸氣。

【攻防含義】與（二）攬雀尾「弓步旋伸掌」同。

（三十）攬雀尾
10. 後坐收攔掌

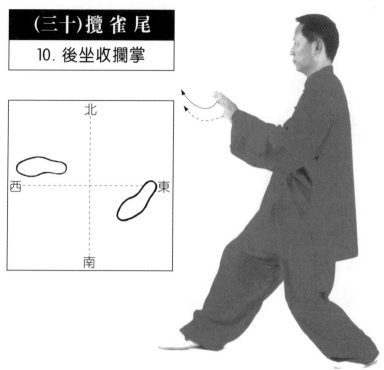

　　重心左後移，上體以內動微微向左轉。左、右掌隨身體後坐，同時回收至胸前，兩掌心均向斜下方，指尖均向斜上方。目視前方。

　　重心後移、上體微微左旋轉與兩掌回收應協調一致，同步到位。重心後移時，左腿屈膝、沉胯，右腿直而微屈膝、坐胯，兩胯微合力。上體中正，不凸臀前傾，鬆肩垂肘，腋下含空。

　　後坐收攔掌為呼氣。

　　【攻防含義】與（二）攬雀尾「後坐收舉掌」同。

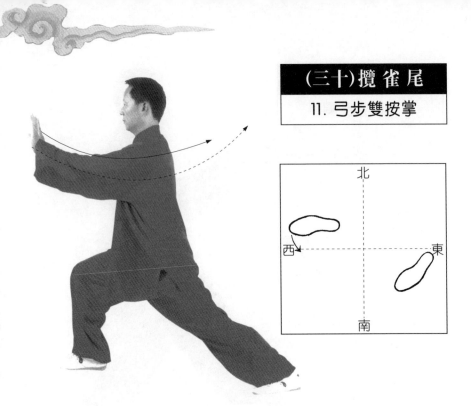

(三十)攬雀尾

11. 弓步雙按掌

　　重心右前移，右腿前弓，左腿伸直，成右弓步。兩掌隨弓步同時向前按出，腕同胸高，掌心均向前，指尖均向上；兩臂與肩同寬微屈，沉肩垂肘。目視前方。

　　重心前移成右弓步與兩掌前按應協調同步。弓步時，兩腳紮穩，右腿屈膝、坐胯，左腿伸直、微屈膝、沉胯。前移重心時，力發自後腳跟。按掌時，要沉肩坐腕，使周身上下形成完整合力。

　　弓步雙按掌為調息。

　　【攻防含義】與（二）攬雀尾「弓步雙按掌」同。

楊式太極拳競賽套路分解教學40式

（三一）單 鞭

1. 左轉體擺掌

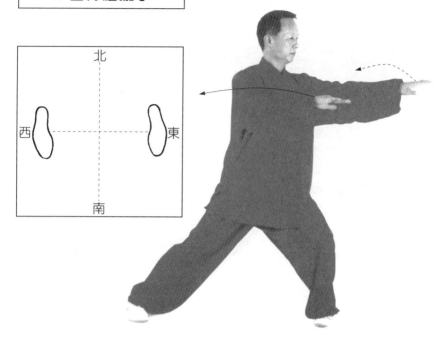

重心左後移，身體左轉，右腳內扣踏實。兩掌同時由右前經胸前向左弧形平抹擺至左側方，左掌在前，右掌在後，掌心均向下，指尖均向左，兩掌約與胸同高。目視左前方。

重心後移、身體左轉、右腳內扣與兩掌抹擺應協調一致，同步到位。移重心時，要緩慢均勻地逐漸把重心移至左腿。抹掌時，要注意鬆肩垂肘，以身帶臂，以臂帶掌，上下連貫協調。

左轉體擺掌為吸氣。

【攻防含義】與（三）單鞭「左轉體擺掌」同。

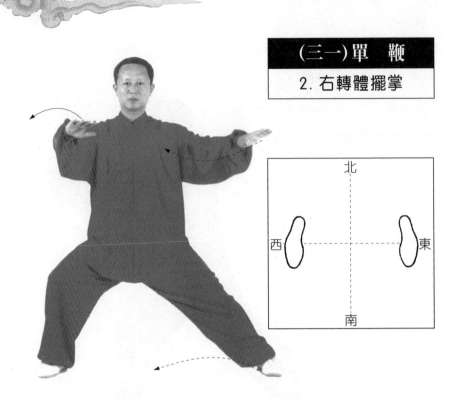

（三一）單　鞭

2.右轉體擺掌

　　上體右轉，重心右移，兩腳踏實，成橫襠步。兩掌同時由左側方向體前運抹，右掌抹至右胸前，左掌抹至體左前，兩掌與胸同高，掌心均向下，指尖均向左前。目視兩掌前方。

　　上體右轉、重心右移、兩腳踏實與兩掌同時抹擺應協調一致，同步到位。右移重心時，兩腳紮穩，不可移位。抹掌時要注意沉肩垂肘，含胸拔背，上體不可歪斜，要以身帶臂，以臂帶掌，上下連貫協調。

　　右轉體擺掌為呼氣。

　　【攻防含義】與（三）單鞭「右轉體擺掌」同。

3.提左腳勾手

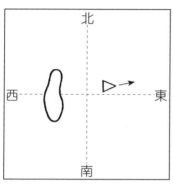

北

西　　　東

南

　　重心全部移至右腿；左腳收至右腳內側，不落地，腳尖自然下垂。右掌向右前方運伸變勾手，腕略高於肩；左掌向右前運抹外旋變挑掌至面前，掌心向裏，虎口向上，距面部約 30 公分，高與眉眼齊。目視左掌前方。

　　立穩重心、收提左腳與變勾手、挑掌應協調一致，同步到位。提腳時，右腿屈膝微下蹲，上體保持中正，鬆肩垂肘。勾手五指第一節捏攏，勾尖向下。注意鬆靜自然，不用僵勁。

　　提左腳勾手為吸氣。

　　【攻防含義】與（三）單鞭「提左腳勾手」同。

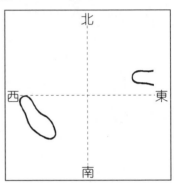

上體微左轉，重心仍在右腿；左腳向左前上步，腳跟著地。左掌向左前伸挑，掌心向內，指尖向斜上，約與眉眼同高；右勾手隨身而動，吊於右後方，腕略高於肩，勾尖向下。目視左掌前方。

左轉體、上步與勾手、挑掌應協調一致，同步到位。上步時，右腿屈膝半蹲，重心立穩；左腳上步落地要輕靈。注意上體中正，不可聳肩、彎腰、凸臀。

上左步挑掌為調息。

【攻防含義】與（三）單鞭「上左步挑掌」同。

（三一）單　鞭

5. 左弓步推掌

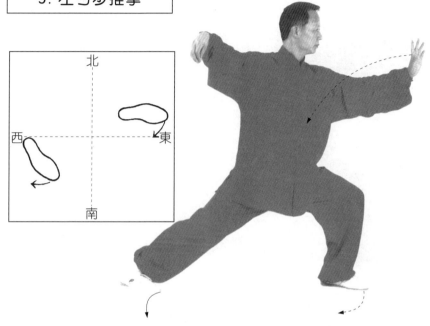

　　上體微左轉，左腳掌落地踏實；隨之左腿屈膝前弓，右腿伸直，成右弓步。同時左掌內旋向左前推出，腕同肩高，掌心斜向前，指尖向上，高約與鼻平；右勾手向右後展開。目視左掌前方。

　　上體微左轉、左腳踏實弓步與左掌前推、右勾手後展應協調一致，同步到位。弓步時，左腿屈膝、坐胯，右腿直中微屈膝、沉胯，兩腳踏穩。上體中正，注意鬆肩垂肘、含胸拔背，肘膝相對，手足相對，肩胯相對。

　　左弓步推掌為呼氣。

　　【攻防含義】與（三）單鞭「左弓步推掌」同。

（三二）左下勢

1. 勾手收擺掌

身體右轉，右腳尖翹起外擺踏實；左腳尖翹起內扣踏實，重心隨之移至右腿。右掌隨轉體向內擺收至左胸前，掌心向右，指尖向上，距胸約 30 公分；右勾手隨體而動，吊舉至右前側，腕略高於肩，勾尖仍向下。目視左掌前方。

身體右轉、擺扣腳、重心右移與左掌擺收、右勾手吊舉應協調一致，同步到位。轉體與兩腳擺、扣要連貫協調，不可斷勁；收擺時，要以腰為軸，以身帶臂，以臂帶掌，上下相隨，保持身體中正舒鬆。

勾手收擺掌為吸氣。

【攻防含義】設對方伸左手來犯，我以右掌拿其腕外吊；對方又伸右手來犯，我即以左掌化解之。

（三二）左下勢

2. 左仆步勾手

上體微微左旋轉，重心繼續立穩於右腿；左腿伸直，右腿屈膝，仆步下蹲，兩腳踏實。右勾手隨體而動吊至右後方，腕略高於肩，勾尖仍向下；左掌隨仆步下落至左下腹部前，掌心斜向右，指尖斜向右上。目視左前方。

上體微左轉、左仆步下勢與勾手落掌應協調同步。仆步時，右腿屈膝全蹲，兩胯鬆中有緊，兩腳須踏實，不可翹邊，保持上體舒鬆自然，不俯體凸臀、弓背彎腰。

左仆步勾手為呼氣。

【攻防含義】與（二七）右下勢「右仆步勾手」同，唯左右相反。

楊式太極拳競賽套路分解教學40式

3. 左仆步穿掌

上體微左轉，重心仍偏右，鬆胯仆蹲，兩腳仍踏實。同時左掌微內旋順左腿內側向前穿伸至左腳內側，掌心斜向下，指尖斜向前；右勾手隨體吊舉至右後方，勾尖仍向下。目視左掌前方。

左轉體、鬆胯仆蹲、兩腳踏實與左掌內旋前穿、右勾手吊舉應協調同步。仆步時，兩腳紮穩，兩腿鬆中有緊，不丟勁，兩胯開中有合力。右腳尖斜向右後，左腳尖向內扣。上體伸開腰，隨體穿掌。

左仆步穿掌為調息。

【攻防含義】與（二七）右下勢「右仆步穿掌」同，唯左右相反。

(三三) 上步七星

1. 弓步挑勾手

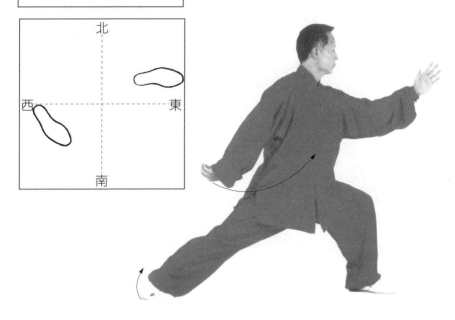

上體微左轉，左腳外擺，右腳內扣，兩腳踏實，重心前移，成左弓步。左掌隨弓步向前上方挑舉，腕與上胸部同高，掌心斜向右，指尖斜向上；右勾手同時內旋向右後、向上舉伸，勾尖向上。目視左掌前方。

上體微左轉、兩腳擺扣踏實、重心前移成左弓步與左掌挑舉、勾手後伸應協調一致，同步到位。兩腳擺扣時，應先擺左腳，再扣右腳。挑舉左掌時，左肘與左膝上下要相對；右勾手向後伸舉時，注意左肩不可上聳。

弓步挑勾手為吸氣。

【攻防含義】與（二八）金雞獨立「弓步挑勾手」同，唯左右相反。

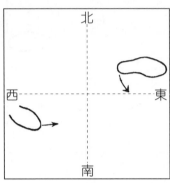

（三三）上步七星

2. 舉掌右握拳

上體微微左轉，重心微前移，右腳跟隨之提起。左掌坐腕上舉，掌心斜向前，指尖向上，腕同肩高；右勾手變拳收於腰間，拳心向下。目視左掌前方。

上體微左轉、重心前移、右腳跟提起與左掌上舉、右拳收於腰間應協調同步。前移重心時，左腿屈膝、坐胯，右腿屈膝、沉胯，兩胯保持合力。上體中正，不前傾。兩肩鬆沉，腋下含空。

舉掌右握拳為呼氣。

【攻防含義】設對方出手來犯，我順勢以左掌托架化解之，並握右拳待發。

（三三）上步七星

3. 虛步七星拳

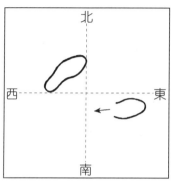

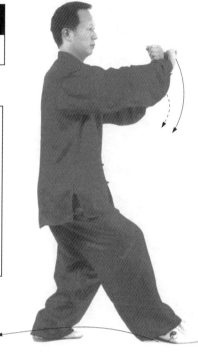

　　上體微左轉，左腳跟微內碾，重心移至左腿；右腳向右前上半步，腳尖著地，成右虛步。左掌變拳外旋舉至胸前，拳心向裏，拳面斜向上；右拳同時由腰間向前上穿舉至左拳外側，拳心向前，與左拳兩腕相交，左拳在裏。目視前方。

　　上體微左轉、重心左移、上步成右虛步與兩拳交叉上舉應協調一致，同步到位。上右步時，左腿屈膝，立穩重心；右腳上步要緩慢輕靈，腳尖點地。兩拳交叉時，身體中正，含胸拔背，沉肩垂肘，兩臂圓撐。

　　虛步七星拳為調息。

　　【攻防含義】設對方出雙手向我撲來，我以雙拳交叉由下向上架舉化解之。

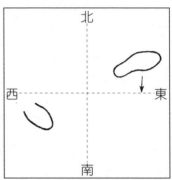

（三四）退步跨虎

1. 退步雙落掌

　　重心仍立穩於左腿，上體微微右轉；右腳向右後撤步，腳前掌著地。兩拳變掌同時下落至腹前，右掌在下，左掌在上，兩掌心均向下，左掌指尖斜向右前；右掌指尖斜向左前，兩掌斜交叉。目視前方。

　　重心立穩於左腿、撤右步與兩拳變掌下落應協調同步。撤步時，左腿屈膝立穩，右腳向後落步要輕。兩掌下落時，要沉肩垂肘，腋下含空，兩臂呈弧形。

　　退步雙落掌為吸氣。

　　【攻防含義】設對方出招向我腹部進擊，我前腳後撤，兩掌同時下落以化解之。

(三四)退步跨虎
2. 虛步架分掌

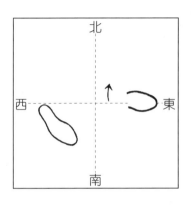

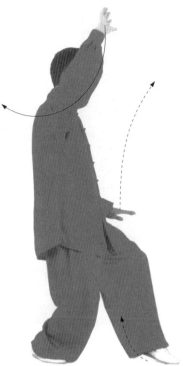

　　上體先右轉再左轉，重心右後移；左腳向右前稍稍移步，腳尖著地，成左虛步。右掌隨轉體向右向上畫弧架於右前額上方，掌心斜向上，指尖斜向左；左掌同時畫落至左胯外側，掌心向下，指尖向前。目視前方。

　　上體右轉再左轉、重心後移、左腳稍移動變虛步與兩掌畫弧分架應協調一致，同步到位。變左虛步時，右腿屈膝、沉胯，左腿屈膝、鬆坐胯。架掌時，注意沉肩垂肘，腋下含空。注意上體中正。

　　虛步架分掌為呼氣。

　　【攻防含義】設對方出招向我頭部和左腰側進擊，我以左掌畫落、右掌舉架化解之。

（三五）轉身擺蓮
1. 右轉體分掌

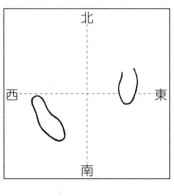

身體右轉，重心仍立穩於右腿；左腳跟外碾，不落地。右掌向下、向右畫弧至體右側，約與肩同高，掌心斜向外，指尖斜向前；左掌同時向左、向上、向前畫至體左側，掌心斜向外，指尖斜向前，約與胸同高。目視前方。

右轉體、重心立穩於右腿、左腳跟外碾與兩掌畫弧應協調一致，同步到位。轉體時，右腿的胯、膝、踝三處關節均需放鬆，右腳掌踏實，不可移位；左腿屈膝、鬆胯。兩臂分展時，身體舒鬆自然，保持鬆肩垂肘。

右轉體分掌為吸氣。

【攻防含義】設對方出手向我胸部進擊，我順勢右轉體，以左掌畫攔化解之。

（三五）轉身擺蓮

2. 右轉體穿掌

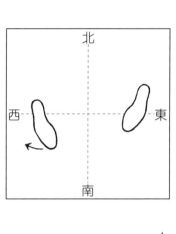

　　身體右轉，重心左移，左腳跟著地，兩腳踏穩，成倒八字步。左掌隨之向前、向右畫擺至右肋前，掌心向下，指尖向右；右掌同時向前、向左畫弧穿至左小臂上方，掌心向下，指尖向左，兩臂交叉。目視前方。

　　右轉體、重心左移、兩腳踏實成倒八字步與兩掌畫弧交叉應協調一致，同步到位。轉體時，兩腳踏穩，兩腿屈膝放鬆，兩胯向內稍合力。注意上體中正舒鬆，鬆肩垂肘，含胸拔背，兩臂呈弧形交叉。

　　右轉體穿掌為呼氣。

　　【攻防含義】設對方出手進擊我胸部，我順勢右轉體，以雙掌向內穿合化解之。

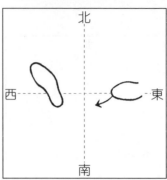

（三五）轉身擺蓮
3. 右轉體分掌

　　身體右轉，右腳尖翹起外擺踏實，重心隨之移至右腿，左腳跟提起。右掌向前、向右畫弧抹擺至體右前，與胸同高，掌心斜向下，指尖斜向前；左掌向前、向左畫弧抹擺至體左前與肩同高，掌心斜向下，指尖斜向前。目視前方。

　　右轉體、右腳外擺、重心右移提左腳跟與兩掌畫弧抹擺應協調一致，同步到位。移重心時，右腳踏穩，右腿屈膝、沉胯，左腿屈膝、鬆胯，兩胯內合。兩臂鬆肩垂肘，兩掌分開後要隨轉體抹擺到位，身體仍保持舒鬆自然。

　　右轉體分掌為吸氣。

　　【攻防含義】設對方出雙手進犯，我以雙掌左、右抹擺化解之。

（三五）轉身擺蓮
4. 上步雙擺掌

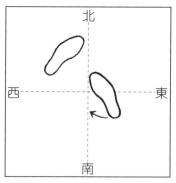

身體右轉，重心右前移，左腳向右腳前上步，腳跟先著地，隨即內扣踏實，成內丁步。兩掌隨上左步同時向右方畫弧擺伸至左、右側前方，約與胸同高，兩掌心均斜向下，指尖均斜向前。目視前方。

右轉體、重心右移、左腳內扣上步與兩掌同時畫弧應協調一致，同步到位。上步時，右腳踏實立穩，右腿屈膝、沉胯，放鬆踝關節；左腿屈膝、鬆胯，放鬆踝關節，兩胯內合。上體保持舒展自然。

上步雙擺掌為呼氣。

【攻防含義】設對方出手進擊我右側面，我右轉體上步，以雙掌畫擺化解之。

（三五）轉身擺蓮

5. 右轉體擺掌

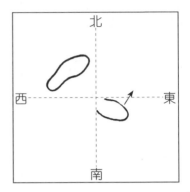

　　身體右轉，重心左移，右腳跟離地內碾至左腳內側，成右虛步。兩掌隨轉體同時向右畫弧平擺至右側方；右腕平肩高，左掌平胸高，兩掌心均斜向下，指尖均斜向左側上方。目視左側前方。

　　身體右轉、重心左移、右腳跟內碾與兩掌畫弧應協調一致，同步到位。轉體時，左腳踏實立穩，左腿屈膝、沉胯；右碾腳時，右腿屈膝放鬆。擺掌時，以腰為軸，以身帶臂，以臂帶掌，畫擺自如。

　　右轉體擺掌為吸氣。

　　【攻防含義】設對方從我右後方出招進擊，我順勢右轉體，以雙掌畫擺化解之。

（三五）轉身擺蓮
6. 獨立擺拍腳

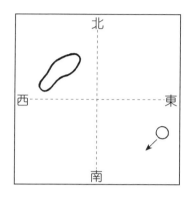

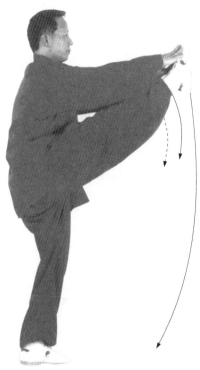

上體左轉，左腳立穩，左腿微屈；右腿提起向左、向上、向右做扇形外擺，腳面展平。兩掌自右向左平擺，在頭前先左手後右手依次擊拍右腳面。目視兩掌。

做擺蓮腿時，上體先微向下鬆沉蓄勁，並收腹以便將腿舉起擺動，兩掌要依次拍擊腳面，並發出「啪啪」的連響，但不要過快、過猛，應有鬆快、穩健之感。注意兩掌不可同時拍擊腳面，在依次拍擊腳面時不可弓腰、弓背。

獨立擺拍腳為呼氣。

【攻防含義】設對方伸手從我左前進擊，我以雙掌由右向左擺化，同時起右腿由左向右擺打對方腰部以上的任何部位。

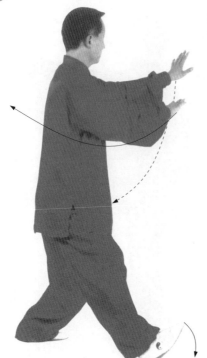

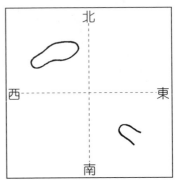

(三六)彎弓射虎

1.落步雙舉掌

　　右腳向右前落步，腳跟著地，身體右轉。兩掌同時下落舉至體左前，左掌與肩同高，右掌與胸同高，兩掌心均向斜下方，指尖均斜向左上方。目視兩掌前方。

　　右腳落步、右轉體與兩掌下落應協調一致，同步到位。落步時，左腿屈膝半蹲以降低身體高度，右腳緩緩地向右前輕輕落步。落掌時，兩臂舒展，保持鬆肩垂肘，含胸拔背。

　　落步雙舉掌為調息。

　　【攻防含義】設對方伸右手來犯，我隨即向右前落步，同時兩掌順勢攔挌其臂以化解之。

(三六)彎弓射虎

2. 右轉體握拳

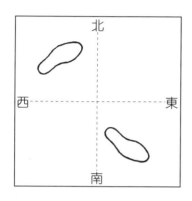

　　上體右轉，右腳掌落地踏實，重心微前移，成椿步。兩掌隨轉體向右畫弧變拳，右拳握於右肩前，拳心斜向下，拳眼向左；左拳握於胸前，拳心斜向右前，拳眼斜向上。目視右前方。

　　右轉體、右腳踏實微前移與兩掌畫弧變拳應協調一致，同步到位。移重心時，左腿屈膝、沉胯，右腿屈膝微前弓，使兩腿分擔身體重量（約前四後六），兩胯相合。上體向右擰轉，保持沉肩垂肘，腋下含空。

　　右轉體握拳為吸氣。

　　【攻防含義】設對方出右手來犯，我以右掌黏拿其腕，左掌搭其肘，右轉體将帶以化解之；同時保持握拳待發。

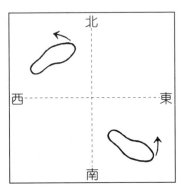

北

西 ——— 東

南

　　上體左轉，右腿屈弓，左腿自然伸直，成右弓步。左拳微外旋經胸前向左前方打出，與肩同高，拳眼向上；右拳同時向上、向左打至右前額上方，拳心向外，拳眼向下。目視左拳前方。

　　左轉體、右弓步與兩拳架打應協調一致，同步到位。弓步時，右腿屈膝、坐胯，左腿伸直微屈膝、沉胯，兩腳踏穩。打拳時，以腰為軸，以身催拳。注意上體中正，沉肩垂肘。

　　弓步架打捶為呼氣。

　　【攻防含義】接上動，我重心前移，同時以左手拿住對方左手腕向左前推送，右拳向前上方擊打其頭部。

(三七)搬攔捶

1. 轉體收舉拳

身體左轉，左腳外擺踏實，右腳隨即內扣踏實，重心隨之左前移，成左側弓步。右拳微外旋向下、向右前穿舉至頭前，拳與面部同高，拳心斜向下，拳眼向左；左拳同時微外旋向內抽收至腹前，拳心向上，拳眼向左。目視右前方。

左轉體、擺扣腳、移重心成側弓步與兩拳收舉應協調一致，同步到位。轉體時，兩腳擺扣要依次連貫，靈巧穩健。由右弓步轉成左側弓步，兩腿關節須既放鬆又不丟勁。在右拳向前穿打時，右肩微向前催送，左腋下保持含空。

轉體收舉掌為吸氣。

【攻防含義】設對方出手封攔我左拳，我順勢左轉體抽回左拳，而以右拳擊打其面部。

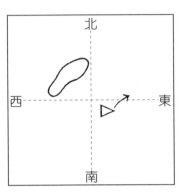

2. 提右腳舉掌

　　上體微左轉再右轉，左腳踏穩，重心全部移至左腿；右腳收至左腳內側，不落地，腳尖自然下垂。左拳向左、向後變掌向上、向前畫弧舉至頭前方，與頭同高，掌心向前，指尖向上；右拳向下、向裏畫弧至左腹前，拳心向內，拳眼向左。目視右前方。

　　上體左右微連轉、提腳與左拳變掌畫舉、右拳回收應協調一致，同步到位。提腳時，左腿屈膝半蹲，上體舒鬆中正，控制身體平衡。注意兩肩鬆沉，腋下含空，兩臂保持弧形，上下輕靈含虛。

　　提右腳舉掌為呼氣。

　　【攻防含義】設對方出手向我面部和右肋下擊來，我右拳下落回收，左掌向上攔舉以化解之。

（三七）搬攔捶

3.上右步搬捶

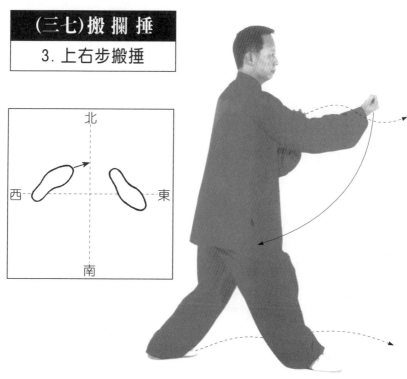

身體右轉，重心仍立穩於左腿；右腳外擺向前蓋落步。右拳外旋由下經胸前向上、向前搬出，高不過鼻、低不過胸，拳心斜向裏，拳眼向右；左掌向前、向下經右小臂外側畫弧提至胸前，掌心向右，指尖向上。目視前方。

右轉體、右腳向前蓋步與左掌畫弧、右拳搬出應協調一致，同步到位。右蓋步時，重心立穩於左腿，右腳向前蓋落要輕。搬拳時，右臂伸開，但要保持鬆肩垂肘，右小臂上翹約45°，拳與小臂成斜直線。

上右步搬捶為調息。

【攻防含義】設對方伸手來犯，我以左掌畫壓其手臂，右拳同時向前搬打其面、胸部。

4. 上左步推掌

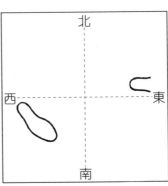

北

西 —— 東

南

身體右轉，重心移至右腿；左腳向左前上步，腳跟著地。右拳隨轉體向後回抽收至右腰側，拳心向上，拳眼向外；左掌同時向前推至體前，掌心斜向前，指尖斜向上，腕約與肩同高。目視左掌前方。

右轉體、重心右移、上左步與收右拳、推左掌應協調一致，同步到位。上步時，右腿屈膝、坐胯，立穩重心；左腳上步落地要輕，左膝微鬆屈。推掌時，左肩微向前催送。收拳時，右肩鬆沉，屈右肘，將拳端平。

上左步推掌為吸氣。

【攻防含義】設對方伸手接拿我右腕，我隨之上步，在右拳回抽的同時左掌發力推擊其胸膛。

（三七）搬 攔 捶
5. 左弓步沖拳

　　上體左轉，左腳掌踏實，重心前移，成左弓步。右拳隨之內旋向前方打出，與胸同高，拳心向左，拳眼向上；同時左掌回收攔至右小臂內側，掌心向右，指尖斜向上。目視右拳前。

　　左轉體、重心前移、左弓步與右沖拳、左攔掌應協調一致，同步到位。弓步時，左腿屈膝、坐胯，膝蓋不得超過腳尖；右腿伸直、微屈膝、沉胯。沖拳時，兩臂舒鬆，右肩微向前催送。保持周身協調自然。

　　左弓步沖拳為呼氣。

　　【攻防含義】接上動，當我左推掌擊中對方胸部時，回抽的右拳一解脫，應不斷勁連續沖拳擊打其肋間。

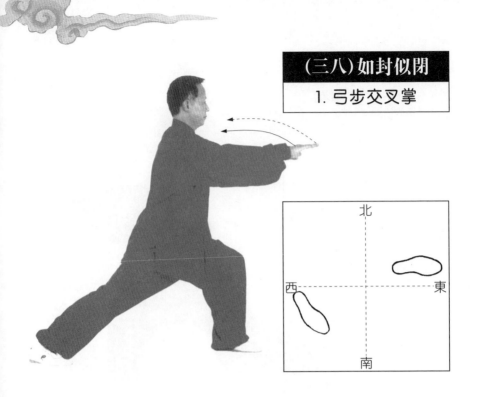

（三八）如封似閉

1. 弓步交叉掌

上體微微左右轉動，兩腳紮穩，仍為左弓步。右拳變掌內旋伸向前方，掌心向下，指尖斜向左前；左掌同時內旋從右小臂下方向前穿至右腕下方，掌心向下，指尖斜向右前，兩腕交叉，與上胸部同高。目視前方。

上體左右微微轉動、左弓步與右拳變掌、左掌前穿應協調一致，同步到位。穿掌時，重心立穩，腰、胯鬆柔，含胸拔背，沉肩垂肘。右拳變掌與左掌前穿要同時到位。周身協調，不可使僵勁。

弓步交叉掌為吸氣。

【攻防含義】設我出右拳而被對方拿住手腕，我立即以左掌從自己右小臂下方向前穿分以化解之。

（三八）如封似閉

2. 後坐旋收掌

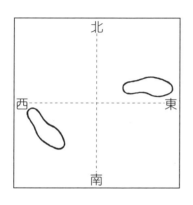

　　上體微右轉，兩腳踏實，重心後坐。兩掌同時外旋隨重心後移向內分收至胸前，兩掌心均斜向上，兩掌指尖均斜向前上，兩掌根距胸約 30 公分。目視兩掌前方。

　　微右轉體、重心後坐與兩掌旋收應協調一致，同步到位。後坐時，右腿屈膝、沉胯，左腿伸開微屈膝、坐胯，左腳尖不可上翹，身體中正，不可後仰。注意鬆肩垂肘，腋下含空，兩肩不可上聳。

　　後坐旋收掌為呼氣。

　　【攻防含義】設對方出雙手向我胸部進犯，我雙掌隨重心後坐上托以化解之。

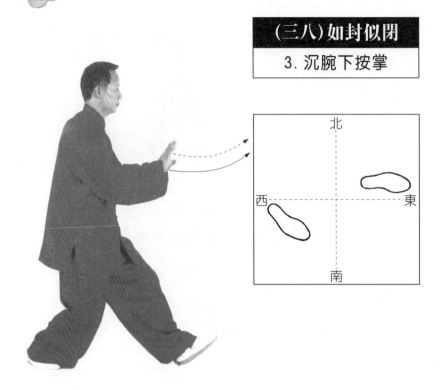

(三八) 如封似閉

3. 沉腕下按掌

北

西 東

南

上體微左轉，兩腳踏實，重心仍立穩於右腿。兩掌同時內旋向下沉腕按至上腹前，掌心均斜向前，指尖均斜向上，兩掌根距上腹部約 20 公分。目視前方。

上體微左轉與兩掌內旋下按應協調一致，同步到位。後坐時，比前式更要坐得充分到位，右腿屈度要更大些。注意上體中正，含胸拔背，不凸臀前傾，周身保持含虛輕靈，腋下含空。

沉腕下按掌為吸氣。

【攻防含義】設對方用雙手向我胸部進擊，我雙掌順勢下按以化解之。

（三八）如封似閉

4. 弓步雙推掌

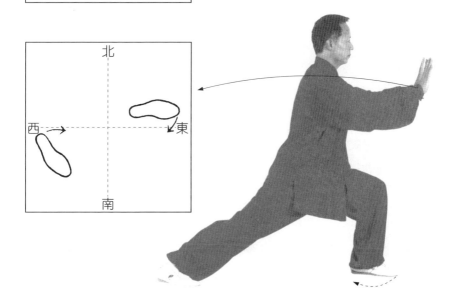

　　左腿弓、右腿撐，重心前移，成左弓步。兩掌同時坐腕向前推按至體前，兩腕與肩同高同寬，掌心均斜向前，指尖均斜向上。目視前方。

　　重心前移、弓步與兩掌前推應協調一致，同步到位。弓步時，左腿屈膝、坐胯，膝蓋不得超過腳尖；右腿伸直、微屈膝、沉胯。兩腳踏實、紮穩，上體中正舒鬆，保持沉肩垂肘。

　　弓步雙推掌為呼氣。

　　【攻防含義】接上動，當對方出雙手進犯，被我以雙掌內旋攔壓後，我勢不斷、勁不丟，乘虛弓步雙推掌，使對方失重跌出。

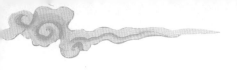

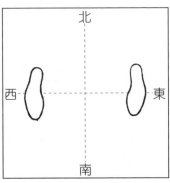

(三九)十字手
1. 轉體舉分掌

身體右轉，右腳跟微內碾，重心右移，左腳尖翹起內扣踏實。右掌隨轉體向右微內旋畫弧擺至右側前方，腕同肩高，掌心向外，指尖向上；左掌同時隨體移畫至左側前方，腕同肩高，掌心向外，指尖向上。目視右前方。

右轉體、重心右移、扣左腳與兩掌畫弧應協調一致，同步到位。轉體時，左腳尖應扣向起式方位；右腳尖不可動，但右腿的胯、膝、踝三處關節須節節放鬆。分掌時，保持鬆肩垂肘，兩臂呈弧形，角度、高度大體相等。上體中正，不可歪斜。

轉體舉分掌為吸氣。

【攻防含義】設對方從我右後方進擊，我順勢右轉體擺右掌以化解之。

（三九）十字手

2. 移重心落掌

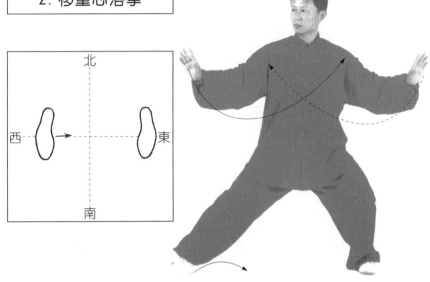

上體微右轉，重心左移，成橫襠步。兩掌同時下落至體兩旁，約與腰同高，兩掌心均斜向下，指尖均斜向上。目視右前方。

微右轉體、移重心與兩掌下落應協調一致，同步到位。移重心時，兩腳踏實，左腿屈膝、坐胯，右腿伸直微屈膝、側沉胯。身體中正，不可歪斜。注意沉肩垂肘，兩臂呈弧形，上下含虛協調，無僵勁。

移重心落掌為呼氣。

【攻防含義】設對方出左腿進擊我右部，我重心左移下落掌以化解之。

楊式太極拳競賽套路分解教學40式

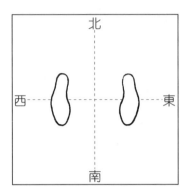

（三九）十字手

3. 收步十字手

上體微微左轉，重心立穩於左腿；右腳收至左腳內側，兩腳之間與肩同寬，平行分立。兩掌同時外旋，由兩旁向內、向上畫弧抱至胸前，兩腕交叉，右掌在外，掌心均斜向裏，指尖分別斜向左、右上方。目視前方。

上體微微左轉、收右步與兩掌抱於胸前應協調一致，同步到位。收步時，重心全部移至左腿立穩，右腳跟先離地，然後全腳離地回收。落步時，腳尖先著地，然後全腳落地，兩腳踏平，兩腿分擔身體重量。兩臂成十字手時，注意含胸拔背，沉肩垂肘，兩臂呈弧形。

收步十字手為吸氣。

【攻防含義】設對方出雙手向我胸部撲來，我雙掌隨之由兩側向內、向上合抱以化解之。

（四十）收　式
1. 平行步翻掌

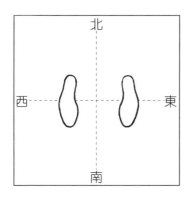

　　兩腳平行分立，立穩重心，身體柔和。兩掌同時內旋翻轉，掌心均向下，指尖分別斜向左、右斜前方，左掌在上方，兩腕仍交叉相疊，與胸同高。目視前方。

　　平行分立、身體柔和與兩掌旋翻應協調一致，同步到位。翻掌時，兩腿屈膝半蹲，兩膝屈弓不得超過腳尖，兩膝蓋要與兩腳尖上下相對，兩胯鬆沉圓襠。上體中正，不凸臀前傾。保持鬆肩垂肘，含胸拔背。

　　平行步翻掌為呼氣。

　　【攻防含義】設對方出手進擊我胸部，我兩掌隨之交叉於胸前以封攔來招。

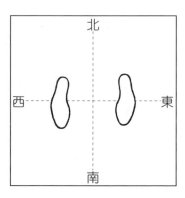

(四十) 收 式

2. 平步分舉掌

身體微微上起，兩腳仍保持平行分立。兩掌同時向兩旁平分，與肩同寬同高；兩掌心均向下，指尖均向前。目視前方。

身體微上起、平行分立與兩掌平分應協調一致，同步到位。兩掌平分時，身體鬆柔隨和，微微上起，仍保持半蹲狀態，不可完全站立。上體中正安舒。兩掌與兩腳上下相對，兩肘與兩膝上下相對。

平步分舉掌為吸氣。

【攻防含義】設對方伸雙手來犯，我以兩掌平分化解之。

（四十）收　式

3. 起身下落掌

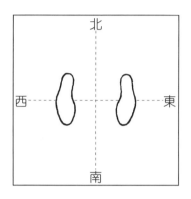

　　兩腳蹬地，身體緩緩立起。兩掌同時下落至兩腿外側，掌心均向下，指尖均向前。目視前方。

　　身體立起與兩掌下落應協調一致，同步到位。起身時，以兩腳蹬地，兩腿要柔和緩慢地伸直站起，不可挺得僵直，保持鬆膝。兩掌下落時，要以沉肩垂肘帶臂下落掌，不可以掌帶臂下落。

　　起身下落掌為呼氣。

　　【攻防含義】設對方出雙手向我兩肋旁進擊，我雙掌下落以化解之。

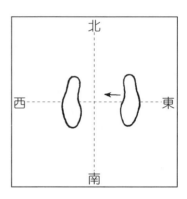

（四十）收　式
4. 平步提腳跟

重心移至右腿，左腳跟提起，成平虛步。兩掌同時外旋，指尖向下，垂落至兩腿外側，掌心均向內。目視前方。

重心右移、提左腳跟與兩掌垂落應協調一致，同步到位。移重心時，身體中正，不可歪斜；保持沉肩垂肘，含胸拔背，腋下含空。提腳跟時，左腿屈膝、鬆胯，不可僵硬強直。

平步提腳跟為吸氣。

【攻防含義】設對方出右拳擊我面部，我重心右移以化解之。

（四十）收 式
5.收左步還原

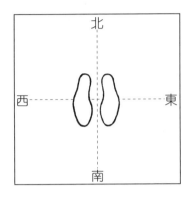

右腿立穩重心，左腳提起收至右腳內側，成併步站立。兩掌仍附於兩腿外側，指尖下垂，輕貼兩腿。目視前方。

右腿立穩、收左步併步站立與兩掌下垂輕貼兩腿應協調一致，同步到位。收步時，身體中正自然，兩肩鬆沉，腋下含空；兩臂不可伸得過直，周身要有輕靈之感。提左腳時離地即可，不要提得過高，落步要緩緩下落。

收左步還原為呼氣。

【攻防含義】攻防上為以靜制動。

導引養生功

張廣德養生著作　　每冊定價350元

1 疏筋壯骨功＋VCD

疏筋壯骨功
定價350元

2 導引保健功＋VCD

導引保健功
定價350元

3 頤身九段錦＋VCD

頤身九段錦
定價350元

4 九九還童功＋VCD

九九還童功
定價350元

5 舒心平血功＋VCD

舒心平血功
定價350元

6 益氣養肺功＋VCD

益氣養肺功
定價350元

7 養生太極扇＋VCD

養生太極扇
定價350元

8 養生太極棒＋VCD

養生太極棒
定價350元

9 導引養生形體詩韻＋VCD

導引養生形體詩韻
定價350元

10 四十九式經絡動功＋VCD

四十九式經絡動功
定價350元

輕鬆學武術

1 二十四式太極拳＋VCD

二十四式太極拳
定價250元

2 四十二式太極拳＋VCD

四十二式太極拳
定價250元

3 八十六式太極拳＋VCD

八十六式太極拳
定價250元

4 三十二式太極劍＋VCD

三十二式太極劍
定價250元

5 四十二式太極劍＋VCD

四十二式太極劍
定價250元

6 二十八式木蘭拳＋VCD

二十八式木蘭拳
定價250元

7 三十八式木蘭扇＋VCD

三十八式木蘭扇
定價250元

8 四十八式太極劍＋VCD

四十八式太極劍
定價250元

太極跤

1 太極防身術

太極防身術
定價300元

2 擒拿術

擒拿術
定價280元

3 中國式摔角

中國式摔角
定價350元

彩色圖解太極武術

1 太極功夫扇

定價220元

2 武當太極劍
定價220元

3 楊式太極劍
定價220元

4 楊式太極刀
定價220元

5 二十四式太極拳＋VCD
定價350元

6 三十二式太極劍＋VCD
定價350元

7 四十二式太極劍＋VCD
定價350元

8 四十二式太極拳＋VCD
定價350元

9 楊式十六式太極劍拳
定價350元

10 楊氏二十八式太極拳＋VCD
定價350元

11 楊式太極拳四十式＋VCD
定價350元

12 陳式太極拳五十六式＋VCD
定價350元

13 吳式太極拳五十六式＋VCD
定價350元

14 精簡陳式太極拳八式十六式
定價220元

15 精簡吳式太極拳三十六式拳架·推手
定價220元

16 夕陽美功夫扇

定價220元

17 綜合四十八式太極拳＋VCD
定價350元

18 三十二式太極拳 四段
定價220元

19 楊式三十七式太極拳＋VCD
定價350元

20 楊氏五十一式太極劍＋VCD
定價350元

21 嫡傳楊家太極拳精練二十八式
定價220元

22 嫡傳楊家太極劍五十一式
定價220元

23 嫡傳楊家太極刀十三式
定價220元

運動精進叢書

1 怎樣跑得快

定價200元

2 怎樣投得遠

定價180元

3 怎樣跳得遠

定價180元

4 怎樣跳的高

定價180元

5 高爾夫揮桿原理

定價220元

6 網球技巧圖解

定價220元

7 排球技巧圖解

定價230元

8 沙灘排球技巧圖解

定價230元

9 撞球技巧圖解

定價230元

10 籃球技巧圖解

定價220元

11 足球技巧圖解

定價230元

12 羽毛球技巧圖解

定價220元

13 乒乓球技巧圖解

定價220元

14 曲線球與飛碟球

定價300元

15 街頭花式籃球

定價280元

16 精彩高爾夫

定價330元

17 巴西青少年足球訓練方法

定價230元

18 籃球個人技術全圖解+VCD

定價300元

19 門球（槌球）入門與提升180問

定價230元

20 美國青少年籃球訓練方式250例

定價280元

21 單板滑雪技巧圖解+VCD

定價350元

22 籃球教學訓練遊戲

定價280元

23 羽毛球技·戰術訓練與運用

定價280元

快樂健美站

1 柔力健身球

定價280元

2 自行車健康享瘦

定價280元

3 跑步鍛鍊走路減肥

定價280元

4 創造健康的肌力訓練

定價220元

5 舒適超級伸展體操

定價280元

6 水中有氧運動

定價280元

7 雕塑完美身材

定價280元

8 創造超級兒童

定價280元

9 使頭腦變聰明

定價280元

10 防止老化的身體改造訓練

定價280元

11 三個月塑身計畫

定價280元

12 懶人族瑜伽

定價280元

13 忙裡偷閒練瑜伽基礎篇

定價240元

14 忙裡偷閒練瑜伽祛病養生篇

定價240元

15 健身跑激發身體的潛能

定價200元

16 中華鐵球健身操

定價180元

17 彼拉提斯健身寶典

定價280元

18 全身保健操＋VCD

定價280元

19 瑜伽美姿美容

定價180元

20 豐胸做自信女人

定價200元

21 輕鬆瑜伽治百病

定價280元

22 瑜伽秀體小品

定價280元

23 熱舞瘦身小品

定價280元

24 整形打造美麗

定價250元

25 排毒頻譜33式熱瑜伽＋VCD

定價350元

26 太極操＋DVD

定價350元

休閒保健叢書

1 瘦身保健按摩術
定價200元

2 顏面美容保健按摩術
定價200元

3 足部保健按摩術
定價200元

4 養生保健按摩術
定價280元

5 頭部穴道保健術
定價180元

6 健身醫療運動處方
定價230元

7 實用美容美體點穴術
定價350元

8 中外保健按摩技法全集+VCD
定價550元

9 中醫三補養生神補食補藥補
定價300元

10 運動創傷康復診療
定價550元

11 養生抗衰老指南
定價350元

12 創傷骨折救護與康復
定價220元

13 百病全息按摩療法+VCD
定價500元

14 拔罐排毒一身輕+VCD
定價330元

15 圖解針灸美容+VCD
定價350元

16 圖解針灸減肥
定價350元

圍棋輕鬆學

1 圍棋六日通
定價160元

7 中國名手名局賞析
定價300元

8 日韓名手名局賞析
定價330元

9 圍棋石室藏機
定價250元

10 圍棋不傳之道
定價250元

11 圍棋出藍秘譜
定價250元

12 圍棋敲山震虎
定價280元

13 圍棋送佛歸殿
定價280元

14 無師自通學圍棋
定價280元

15 圍棋手筋入門 必做題
定價250元

象棋輕鬆學

1 象棋開局精要
定價280元

2 象棋中局薈萃
定價280元

3 象棋殘局精粹
定價280元

4 象棋精巧短局
定價280元

太極武術教學光碟

太極功夫扇
五十二式太極扇
演示：李德印 等
(2VCD)中國

夕陽美太極功夫扇
五十六式太極扇
演示：李德印 等
(2VCD)中國

陳氏太極拳及其技擊法
演示：馬虹(10VCD)中國
陳氏太極拳勁道釋秘
拆拳講勁
演示：馬虹(8DVD)中國
推手技巧及功力訓練
演示：馬虹(4VCD)中國

陳氏太極拳新架一路
演示：陳正雷(1DVD)中國
陳氏太極拳新架二路
演示：陳正雷(1DVD)中國
陳氏太極拳老架一路
演示：陳正雷(1DVD)中國

陳氏太極拳老架二路
演示：陳正雷(1DVD)中國
陳氏太極推手
演示：陳正雷(1DVD)中國
陳氏太極單刀・雙刀
演示：陳正雷(1DVD)中國

楊氏太極拳
演示：楊振鐸
(6VCD)中國

本公司還有其他武術光碟
歡迎來電詢問或至網站查詢
電話：02-28236031
網址：www.dah-jaan.com.tw

原版教學光碟

歡迎至本公司購買書籍

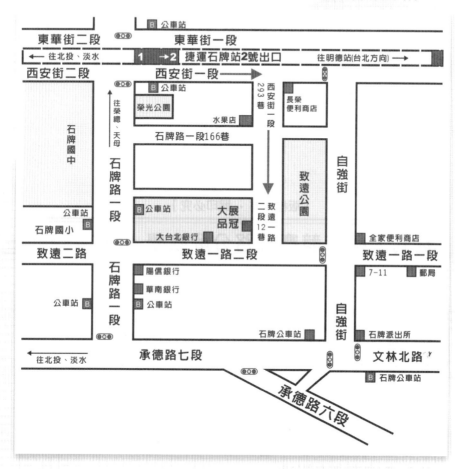

建議路線

1. 搭乘捷運‧公車

　　淡水線石牌站下車，由石牌捷運站2號出口出站(出站後靠右邊)，沿著捷運高架往台北方向走(往明德站方向)，其街名為西安街，約走100公尺(勿超過紅綠燈)，由西安街一段293巷進來(巷口有一公車站牌，站名為自強街口)，本公司位於致遠公園對面。搭公車者請於石牌站(石牌派出所)下車，走進自強街，遇致遠路口左轉，右手邊第一條巷子即為本社位置。

2. 自行開車或騎車

　　由承德路接石牌路，看到陽信銀行右轉，此條即為致遠一路二段，在遇到自強街(紅綠燈)前的巷子(致遠公園)左轉，即可看到本公司招牌。

大展好書　好書大展
品嘗好書　冠群可期